MILA

OU, LE

DERNIER WIGWAM DES PAWNIES,

ÉPISODE

D'UN VOYAGE EN CALIFORNIE,

SUIVI DES 1re ET 2e PARTIES

DE

MON VOYAGE AUTOUR DU MONDE,

OUVRAGE INÉDIT

PAR TH. DOXIN.

EN VENTE
CHEZ L'AUTEUR, A SAINT-GERMAIN-DU-BOIS.

—

1855

MILA

OU

LE DERNIER WIGWAM DES PAWNIES.

MILA

OU LE

DERNIER WIGWAM DES PAWNIES,

ÉPISODE

D'UN VOYAGE EN CALIFORNIE,

SUIVI DES 1re ET 2e PARTIES

DE

MON VOYAGE AUTOUR DU MONDE,

OUVRAGE INÉDIT

PAR TH. BONIN.

EN VENTE

1855

LONS-LE-SAUNIER ,

IMPRIMERIE ET LITHOGRAPHIE DE FRÉDÉRIC GAUTHIER.

JE DÉDIE CE PETIT LIVRE

A MON PÈRE, A MA BONNE MÈRE

et

A MES VRAIS AMIS.

St-Point, 14 septembre 1853.

Monsieur,

J'inscris avec empressement le nom d'un de vos compatriotes de plus sur la liste des souscripteurs au Voyage, que vous vous proposez de publier, en Californie et en Chine ; les pages de votre manuscrit, que vous avez bien voulu me communiquer, sont de nature à me faire désirer de lire le livre tout entier. En cherchant de l'or pour soulager la vieillesse de ceux à qui vous devez la vie, vous avez trouvez mieux que l'or : l'intérêt des esprits cultivés et la sympathie des cœurs sensibles. J'espère que le sentiment filial qui a inspiré votre Voyage portera bonheur à votre publication. En tout cas, Monsieur, il vous portera estime.

Recevez, Monsieur, l'assurance de ma considération distinguée.

A. DE LAMARTINE.

P. S. Je vous prie, Monsieur, de m'inscrire pour trois exemplaires.

Paris, *le* 18 *avril* 1854.

MONSIEUR,

J'ai lu avec beaucoup d'intérêt les articles que vous m'avez proposés sur la Californie. Il y a dans ce travail des observations très-curieuses et des études de mœurs qui méritent évidemment la publicité. Je regrette que l'étendue de votre œuvre, et les circonstances qui absorbent les colonnes du journal dans les discussions de la politique extérieure, ne me permettent pas de publier ce travail, dont, je vous le répète, j'apprécie l'importance.

Agréez, Monsieur, l'assurance de ma considération distinguée.

J. COHEN.

RÉDACTION DU *SIÈCLE*.

Paris, le 16 *avril* 1854.

MONSIEUR,

J'ai lu, Monsieur, avec beaucoup de plaisir, le fragment de voyage que vous m'avez remis. Le sujet est intéressant, et le récit habilement fait. Par malheur, l'espace nous manque pour le publier. Croyez à mon vif regret, et agréez, Monsieur, l'assurance de ma considération distinguée.

Louis DESNOYERS.

Paris, le..... 1855.

Mon cher Monsieur,

Il y a un grand charme de détails dans tous ces récits, et leur accent de vérité, leur authenticité incontestable ajoute encore au plaisir de leur lecture. Peu de voyageurs ont écrit plus NAÏVEMENT et d'une manière plus attachante, — et je désire vivement, pour ma part, l'impression de votre livre.

Bien à vous,

F. FERTIAUX.

AVERTISSEMENT.

Sans contredit, les souvenirs de voyage sont les plus
beaux à raconter; aussi, dès le retour de mes longues
excursions autour du monde, me suis-je plu à réunir
toutes mes impressions, non pour les fixer dans ma mémoire, elles y resteront toujours tracées en tableaux
ineffaçables, mais pour les redire à mes amis et assister
moi-même, une dernière fois encore, à ces grandes
scènes de la nature que j'ai tant aimées, soit au milieu
de l'immensité des mers toujours si imposantes, soit
à travers les sombres forêts vierges si majestueuses de
la Californie, au sommet de ses montagnes gigantesques, dans ses silencieuses vallées, et parmi tous
ces mondes enfin où rien n'est dérangé encore par la
main des hommes.—J'ai tout raconté, tout recueilli
en un volumineux manuscrit qui compte plus de 800
pages de format in-8°, et j'ai eu la pensée de publier
ce livre. Mais il a fallu reculer devant les frais énormes
d'impression, et me contenter, mes bien-aimés souscripteurs, de ne vous offrir que par parties, alors moins
coûteuses, ces longues pages de souvenirs.

Aujourd'hui je vous destine deux fragments et un épisode que mes amis ont appréciés : c'est une scène prise au milieu des peuplades sauvages de la Sierra-Nevada (1), où je montre le triomphe de la religion chrétienne, et la puissante influence qu'elle exerce sur ces hommes de la nature, en les rendant plus doux, plus généreux et réellement bons, tels que doivent l'être enfin ces vrais enfants de Dieu.

Mais je la montre, cette religion, apportée par de nobles missionnaires, par de nobles cœurs tout dévoués, puis recueillie et protégée par l'amour d'une simple fille des bois.

Puisse, mes bons lecteurs, ce premier essai trouver aussi chez vous un favorable accueil.

(1) Montagnes neigeuses.

MILA,

ou

LE DERNIER WIGWAM DES PAWNIES[1]

PREMIÈRE PARTIE.

LE WIGWAM.

I.

. . . .

Quelques jours après ces malheureux évènements, le père Lebourg, notre ancien passager de *la Revanche* (2), nous arriva des hauts placers de la Sierra-Nevada de Richarbarr, d'où il sortait. Il vit Charles d'abord, qui me l'amena un soir sous la tente de mon hôte. Il était méconnaissable, et certainement si son compagnon

(1) Descendants des anciens Pawnies, qui, décimés par la civilisation dans les forêts de l'ouest de l'Amérique, sont venus chercher un refuge et leur liberté dans la Haute-Californie.

(2) Navire sur lequel nous sommes partis du Hâvre pour San-Francisco, par l'isthme de Panama.

1*

ne l'eût précédé, si lui-même, en m'abordant sur le seuil de la porte où j'étais assis, ne m'eût montré son sourire aimable selon son habitude, je ne l'eusse pas reconnu, ni cru revoir, dans le squelette qui me tendait la main, notre vieil ami de France. Il avait de longues mèches de cheveux plats qui lui tombaient le long des joues, et sa figure jaune et décharnée se cachait sous une barbe inculte et clair semée. Ses yeux étaient hagards, et ses vêtements de coutil usé n'étaient plus comme autrefois collants, mais drapaient à cette heure à leur aise sur son corps amaigri. Sa démarche était lente et pénible, et sa parole difficile et creuse.

—Ah! dit-il, en me voyant non pas hésiter à lui répondre, mais chercher dans ses traits ceux que je ne retrouvais plus d'une ancienne connaissance, c'est que j'ai tant souffert depuis que je vous ai quittés! mais il fallait partir, partir sans délai, disaient Chapuis et ce fou de P..., qui est venu nous rejoindre à Sicarbarr (1), où nous attendions le retour du printemps pour monter plus au

(1) Placer de la Jouba, rivière.

nord, dans les nouveaux placers (1). Je savais bien, moi, que les neiges et les glaces nous y surprendraient, ce qui n'a pas manqué. Enfin, après bien des souffrances, j'ai pu m'en échapper; je n'y songe plus, et me voilà.

— Mais je ne vous offre rien, ami; vous allez prendre une tasse de thé, ici, au frais, avec nous, et nous conterez vos aventures. —Ah oui ! elles vous intéresseront, soyez-en sûr.

Mon hôte se hâta de ranimer son feu qui s'éteignait, ajouta un peu d'eau dans sa théière pour augmenter son thé, et tous les Canadiens, nos commensaux, se rangèrent en cercle autour de nous pour écouter le père Lebourg.

II.

— D'abord, continua ce dernier, si j'ai quitté mes amis, ce n'est pas sans regret; mais vous savez, on pense d'abord à soi dans un danger commun, et c'est du reste toujours par ce moyen qu'on procède dans

(1) Placer, mine où s'extrait la terre qui contient la poussière d'or.

la vie. Eh puis ils n'ont pas voulu me suivre, espérant de jour en jour voir se finir l'hiver et commencer leurs premières fouilles aux alentours de la rivière. Ils auraient, disaient-ils, les premières places et feraient leur fortune. Je le souhaite ; quant à moi je suis parti, me perdant dans les neiges, les montagnes et les forêts sombres de la Sierra-Nevada (1), tantôt longeant le cours sinueux et glacé de la rivière la Plume, tantôt gravissant ses côtes toutes blanches ou en descendant du côté de Sicarbarr. Je n'étais pas riche pour faire ce long voyage de plus de quarante lieues; mais à la guerre comme à la guerre, je mangeais des glands grillés à la façon des sauvages, nos voisins de Richarbarr. Quelquefois j'achetais du pain, quand j'avais la chance de rencontrer un store (2) que l'hiver n'a pas fait fuir de ces forêts; mais c'était rare, et il coûtait une demi-piastre (3) la livre. Par surcroît de maux, je pouvais difficilement m'arracher

(1) Chaîne de montagnes couvertes de neiges.
(2) Magasin américain.
(3) Cinquante sols; la piastre est l'écu de 5 francs espagnol.

de cette neige, où tantôt j'enfonçais dans une nouvelle couche trompeuse, tantôt je me choppais et roulais dans une autre, pendant mes rapides ascensions au-dessus de la rivière. Un jour mon pied glissa sur ce terrain peu sûr, et je me serais tué en roulant jusqu'au bas de la côte, près du gouffre béant sous mes pas, si une large touffe d'arbre ne m'eût sauvé en s'opposant à ma roulade. Quand j'eus péniblement regagné le sentier, si malencontreusement quitté par cette singulière descente, il était presque nuit, le soir était menaçant, la neige ne discontinuait pas de tomber par gros flocons, et surtout j'avais faim. Je pensai à me diriger vers un wigwam (1). En cet instant, plusieurs cris de ralliement se firent entendre dans le lointain: c'étaient ceux des sauvages. Un nouveau sentier me guida du côté d'où venait le son. A une heure encore à gauche de la rivière, dans une longue vallée plantée de grands sapins toujours verts sous la neige qui incline leurs larges branches, j'arrivais près du wigwam, ainsi que me l'in-

____

(1) Village de sauvages.

diquèrent les jappements précipités d'un petit chien, qui amenait à sa suite quatre vigoureux jeunes hommes. Ils venaient sans doute m'interdire l'entrée dans leur peuplade, pensai-je ; ils pouvaient même avoir de plus mauvais dessins. J'étais intimidé, les voyant franchir à grands pas la courte distance qui nous séparait, et présentant des arcs et des flèches peu rassurantes. Mais la peur eût pu me perdre, je les abordai courageusement. *Bouona nocte signors* (1), leur dis-je en langage espagnol et anglais, *i am amigo to you, i proud me upon the fide del vos autros.* Ces quelques paroles d'un langage bâtard furent comprises et d'un bon effet; car aussitôt s'approcha l'un d'eux, sous un vaste manteau de peau d'ours blanche et soyeuse; il me prit par la main, et dit aux trois autres qui le suivaient de retourner au camp m'apprêter une réception convenable, et avertir toute la tribu de l'arrivée d'un étranger. Aussi, quelques minutes après, accouraient tous les habi-

(1) Bonne nuit, seigneurs. Je suis votre ami. Je me fie à votre foi.

tants de la peuplade, que la curiosité poussait à ma rencontre.

Chacun de leurs groupes était éclairé par de longues torches de bois résineux, dont les lueurs vives étincelaient dans la forêt sombre. J'arrivais, toujours conduit par mon hôte, qui me faisait comprendre ses amabilités en me passant légèrement sa main sur la tête, sur la figure et sur les épaules, en marque de joie, comme une mère le ferait à son enfant déjà grandi, en signe de tendresse. C'était le chef, et quand je fus rejoint par les sujets, c'étaient de nouvelles caresses. Ils approchaient leurs torches pour mieux me contempler. Ils palpaient mes habits, ils étaient étonnés de les voir ainsi faits, et ils riaient aux éclats en examinant ma chaussure et, plus haut, en remontant leur visite, ma courte chevelure et la casquette qui la couvrait. J'en étais obsédé. Mais le chef donna des ordres, et tous, en criant des hourras de joie, se rangèrent respectueusement en deux haies de chaque côté de nous sous leurs torches flambantes, pour nous laisser passer.

J'étais heureux, néanmoins, de cette bonté et de ces honneurs qu'on me montrait partout ; j'en témoignai ma vive reconnaissance au chef en lui serrant affectueusement la main.

III.

C'était un beau jeune homme de dix-huit ans à peine, portant haut un beau front large d'où rayonnait l'intelligence. Sa tête était ornée d'une épaisse chevelure noire, relevée et nouée au sommet, d'où pendait, en ondulant, une grande plume blanche, distinctive de son rang. Sa figure était celle d'un homme distingué, on le voyait ; et sous ses traits fins, ouverts et sauvages à la fois, on distinguait un grand fond de bonté juvénile. Son corps était élégamment drapé sous son manteau de peau d'ours, et sa démarche dégagée dans ses longs mocassins (1) de peau blanche et bien tannée. Nous arrivions dans le village et débouchions par une vaste clairière sur la place,

(1) Chaussure des sauvages, en peau douce, flexible et collante comme un bas.

autour de laquelle se distinguait, sous la lueur des torches, une grande réunion de cabanes en terre agglomérées dans un bas-fond.

Le chef m'introduisit dans la sienne. C'est une salle spacieuse, en forme de voûte, profonde et bien arrondie sous son toit, qui ressemble au ciel, sur lequel ont pris modèle ces hommes de la nature pour la construire. Dans le milieu brûle un grand feu, dont la fumée s'échappe par une large trouée pratiquée dans la voûte. A côté est assis gravement, et dans une attitude calme, un grand vieillard sur une vaste peau de buffle étendue sur le sol. Sa rare chevelure est aussi blanche que la neige, et sur sa figure creusée par l'âge, on voit encore des reflets d'une beauté antique ; il a l'aspect d'un centenaire. Il fume un long calumet de paix, qu'une toute jeune fille entretient, assise à ses pieds, jeune fille au teint rose, dont le doux visage, orné d'un blond et naissant duvet, lui donne tout au plus l'âge de seize ans. De l'autre côté du foyer repose, sur des nattes en joncs, un autre groupe composé d'une vieille matrone qui fait sécher des feuilles de tabac à l'ardeur du foyer, et d'une jeune femme de trente ans environ, qui fait griller, pour le souper du soir, les glands et plusieurs tranches de l'échine d'une bête nouvellement tuée. Deux petits enfants se roulaient sur des peaux autour du feu. Tous marquèrent un mouvement de joie à notre entrée; les vieillards me firent le signe de bienvenue; les jeunes femmes nous étalèrent des peaux pour nous asseoir, et les bambins vinrent contenter leur curiosité autour de moi.

Jamais, interrompit Lebourg, je n'avais été plus heureux, étant si bien accueilli et trouvant une hutte confortable, chaude, et un bon feu. Aussi mon hôte, s'apercevant de mon bien-être et voulant sans doute l'augmenter encore, me dit en un langage assez bien rendu, en anglais qu'il avait probablement appris au store américain des environs : *Be wel in house my-my fore fathers, my mother, aud my sister are in hapinesse because you are come there* (1).

(1) « Soyez bien dans ma maison (le bienvenu); mes aïeux, ma mère et ma sœur sont dans le bonheur, par-

Je m'inclinai en face de mes hôtes , et je serrai amicalement la main à mon jeune chef, en témoignage de mon contentement,

IV.

Le vieillard me fit passer, par la main blanche de la jeune fille qui le servait, son calumet en signe d'hospitalité. C'est un simple nœud de chêne oblong creusé en forme de vase, au bas duquel s'adapte , pour tuyau, un long manche en bois percé, d'où s'aspire et s'échappe la fumée du tabac. Elle le remplit des feuilles écrasées par la vieille matrone dans une calebasse (1) que lui tendit l'enfant qui jouait près d'elle, l'alluma au brasier et me le présenta.

Depuis l'apparition des Américains dans ces montagnes jusque-là inconnues, depuis l'établissement de leur store dans ces

ce que vous êtes venu.»—La visite d'un étranger est une preuve d'estime chez les sauvages ; chez les civilisés c'est une exhibition d'orgueil.

(1) Vase dont se servent les sauvages. Il provient de l'enveloppe très-dure d'un énorme fruit ressemblant à la courge de nos jardins.

forêts vierges jusqu'alors ignorées, l'esprit d'imitation, excessivement dilaté chez ces hommes de la nature, leur a déjà fait prendre goût à la toilette. Leurs femmes surtout sont très-coquettes; aussi remarquai-je chez celles de mon hôte un grand air d'élégance dans leur tenue. La jeune fille notamment portait, pincée à la ceinture, une large juppe bouffante en laine blanche et soyeuse, qui lui tombait au bas du genou, et sur le reste de son joli corps gracieusement élancé, elle avait passé une chemise également blanche, qui, s'étirant à sa taille souple et fine, dessinait à ravir ses petites formes rondes et ses contours bien arrondis. Sur sa belle tête était tressé un grand foulard rouge, sous le coin duquel pendait, en ondulant sur ses blanches épaules, sa longue chevelure noire. L'autre jeune femme, sa mère sans doute, était à peu près costumée de même. Les deux vieillards conservaient leurs vêtements primitifs en peau.

V.

La ménagère se fit apporter, par l'un des aides-de-camp qui nous avaient suivis (celui destiné au service de la maison), une pile de petites calebasses plates, où elles nous fit passer à chacun les uns après les autres, sur les nattes où nous étions assis, une tranche de la viande qu'elle venait de faire rôtir, une galette de pain croustillant et jaune, et, pour ceux qui les préféraient, une portion de glands grillés. Nous eûmes pour boisson du café clair, à la manière américaine.

Pendant le repas, le jeune hôte, qui seul pouvait se faire comprendre, me demandait si je trouvais bonnes les tranches de viande rôtie, et si de l'autre côté du grand lac (1), au bord duquel il était allé, on mangeait d'aussi beaux glands que ceux que produisaient leurs chênes; et je lui répondais que les longues têtes (2) n'en mangeaient pas,

_____

(1) La mer.

(2) Les hommes savants. Ces bons sauvages vénèrent ainsi les peuples civilisés. Ils ne les fuient qu'après les avoir connus.

mais qu'ils étaient délicieux ainsi grillés.

Quand le repas fut fait, je rendis au vieillard son précieux calumet, après l'avoir de nouveau allumé; il y aspira quelques bouffées, me le rendit après, et je le fis passer à tous les assistants. Il fit le tour du cercle, en s'arrêtant d'abord entre les mains de la vieille matrone, du jeune chef, des jeunes femmes, pour revenir ensuite au centenaire, après avoir circulé entre celles des aides-de-camp et même s'être arrêté un instant sur les lèvres des petits enfants, qui voulurent aussi aspirer son divin parfum.

VI.

Lorsque la soirée se fut assez prolongée, la jeune fille, sur l'ordre du vieil hôte, fit entendre un doux chant plaintif, d'une voix harmonieuse et tendre, en prière, sans doute, vers le Grand-Esprit. Mon interprète me dit en anglais que cette jeune fille était sa sœur, qu'elle adressait à son père, mort en combattant, sa prière de tous les soirs, afin qu'il leur obtînt à tous une mort aussi glorieuse qu'avait été la sienne. Il me dit que ce vaillant chef, fils du vieillard et époux de la jeune femme, avait été brûlé vif sur un bûcher par les Longs-Serpents, ses voisins, ses ennemis implacables, il y a de cela deux neiges (1), alors qu'il leur portait bravement des conditions de paix. Ce chant gracieux de la jeune fille fut répété de bouche en bouche, par tout le monde et même par les deux vieillards, qui élevèrent vers le ciel, en le redisant, leurs longues mains décharnées.

Après cette courte oraison, qui précéda le repos des ténèbres, la famille se disposa à aller dormir dans le sein de son manitou (1). La jeune femme déroula, à côté du lit du vieillard, la couche de la vieille mère, apprêta la sienne dans un coin de la hutte, en y joignant celle de sa fille, étendit aussi en suivant derrière elles les grabats des enfants, à côté de qui devaient coucher les aides-de-camp du chef. Celui-ci fit développer ses peaux de buffles, du côté opposé à celles des jeunes femmes, les aug-

---

(1) Deux ans.
(2) Son dieu tutélaire, son dieu lare.

menta d'une épaisse couche pour moi, barricada notre intérieur par des treillages flexibles en joncs, et m'invita à reposer. Avant de s'endormir lui-même, il recommanda à ses aides-de-camp de ne jamais se coucher tous trois à la fois, d'entretenir avec soin la flamme du foyer, de faire exactement, d'intervalles à autres, des rondes autour du camp, et de surveiller les sentinelles.

— Nous sommes en guerre avec ces traîtres de Serpents, me dit-il en suspendant son arc et ses flèches à la tête de son lit; il y a toujours du danger à courir avec les lâches ; ils ne vous attaquent jamais en face, mais la nuit, quand on dort. Ils nous ont déjà donné plus d'une alerte. Je croyais en tenir un quand je vous ai aperçu dans la forêt.

Après ces explications qui ne me rassurèrent pas du tout, le jeune chef me dit *good night* (1), et il s'endormit.

(1) *Bonne nuit*, en anglais.

DEUXIÈME PARTIE.

MILA. — LE CHEF SERPENT. — LE BUCHER.

I.

Pendant toute la nuit nous eûmes des alarmes. A chaque instant j'écoutais avec épouvante les cris de ralliement des sentinelles se répétant autour du camp. Le chef, de son côté, n'était pas tranquille. Sans cesse je le voyais se soulever de son lit, écarter les rideaux qui nous masquaient, aller sur le seuil de la porte, se coucher à plat ventre et appuyer l'oreille à terre pour écouter.

Néanmoins nous atteignîmes le matin sans aucune attaque. Tout le monde se leva de bonne heure, et le jeune chef, en me tendant la main, me dit que durant les ténèbres ils avaient eu plusieurs alertes, que toute la nuit les Longs-Serpents avaient rodé autour du camp, que l'une des sentinelles avancées avait été surprise, qu'elle avait reçu un coup de hache heureusement peu

1**

dangereux, mais qu'à cette heure le Serpent qui l'avait frappé était prisonnier. Venez le voir, ajouta-t-il ; il est lié contre un tronc d'arbre au milieu du wigwam.

II.

Nous y allâmes tous, les jeunes femmes, les enfants, la vieille matrone et le vieillard, appuyant son corps cassé sur l'épaule d'un aide-de-camp.

Toute la tribu encombrait déjà la place, poussant des hourras de joie, dansant en grandes bandes autour du vaincu, et lui lançant des boules de neige inoffensives en signe de mépris. C'était un jeune homme grand, bien fait, et supportant noblement les outrages qui le retenaient cloué à cet arbre. Depuis plusieurs heures il était ainsi exposé au froid; on le voyait grelotter sans s'émouvoir, et probablement il eût gelé dans cette position, privé de tous mouvements, si mon jeune hôte n'en eût pris pitié et n'eût ordonné, en arrivant, qu'on le déliât pour le conduire dans une hutte voisine où il fit allumer du feu.

Pendant le changement de domicile qui s'opéra, pendant qu'un vieux sauvage, le bourreau, sans doute, s'occupait à dénouer et dérouler autour du patient les lanières de peau qui meurtrissaient son corps presque nu, je voyais le malheureux lever languissamment les yeux vers le ciel, en tournant de temps en temps avec expansion la tête vers la jeune sœur de mon hôte, comme s'il eût voulu, dans ce suprême moment, lui remettre en dépôt son âme tout entière. La jeune fille, profitant du tumulte, s'était glissée derrière la foule, tout près de l'arbre où souffrait le martyr. Je surpris même entre elle et lui un certain air d'intelligence, et pus comprendre, par le doux parler qu'ils se disaient ainsi, que c'était pour elle qu'il endurait toutes ces tortures, que pour la voir il était venu les affronter, et qu'en simulant un combat corps à corps avec la sentinelle, il l'avait légèrement blessée pour se faire prendre et conduire prisonnier dans son wigwam, où il savait bien que les tendres regards et les doux soupirs de sa bien-aimée le consoleraient dans les supplices qui l'attendaient.— Je ne me suis pas trompé, semblait-il dire, on me fait souffrir, et tu es venue, ô toi que j'aime et que j'admire !

Et la jeune fille, faisant mine d'impatience et de nouveaux gestes de pitié bien naturels, pour tromper les regards de la foule, s'avança vers la victime, s'empara brusquement des liens en repoussant le bourreau, qui ne déliait pas assez vite selon elle, mais en réalité pour retarder autant que possible cette opération, qui réunissait si à propos leurs deux cœurs sans les compromettre. Elle détournait lentement les ligatures entrées dans les chairs nues de son cher patient, de peur qu'en les enlevant trop vite elle n'agrandît les blessures qu'elles avaient faites ; et quand elle arrivait à un nœud, elle faisait de nouveau l'impatiente et le prenait entre ses dents pour le dénouer.

Alors on pouvait voir sa belle tête se pencher timidement sur le corps de son ami secret, et ses lèvres, en dénouant, effleurer sa peau et lui communiquer, avec son âme, quelques mots d'amour et d'espérance. En ce moment passait le souffle de la bise ; il agita la chevelure éparse de la jeune fille, et en fit voler les longues boucles soyeuses sur la figure du jeune Serpent, qui les baisa.

Quand le nœud fut défait, la jeune fille, craignant qu'on ne s'aperçût de son innocente supercherie, déroula promptement le restant des lanières et le captif fut libre. Il échangea un dernier regard avec son amie, se remit entre les mains du bourreau qui l'attendait, et ce dernier le conduisit dans la hutte indiquée, où il fut son gardien.

III.

Cependant les deux vieillards, éloignés par le froid, étaient déjà rentrés, ainsi que la jeune femme ; et le jeune chef, qui venait de recommander son prisonnier en compagnie de sa sœur, m'invita à déjeûner en me disant ces mots en anglais, qu'il était tout fier de m'apprendre : *Sir come in house for brekfast* (1). La jeune fille, alerte et joyeuse, nous y précéda.

(1) Monsieur, venez à la maison pour déjeûner.

Les deux vieillards avaient repris leurs places de la veille autour du foyer. La ménagère s'occupait à faire cuire pour la journée ses petits pains, dont elle avait étendu la pâte bien pétrie sur plusieurs pierres plates qui chauffaient sur les charbons rouges.

Le chef me fit asseoir à ses côtés, et sa sœur reprit sa position aux pieds du centenaire. Les aides-de-camp donnaient des ordres dans le wigwam, et les enfants continuaient leur bataille de boules de neige.

Mais on voyait bien que la jeune fille n'était plus la même ; elle n'avait plus, comme le jour précédent, ce ton de mélancolie qui la rendait presque triste : elle était gaie, mais d'une gaîté soucieuse qui décelait en elle un certain air d'embarras, une crainte, un regret, un espoir, une douce expansion d'âme qui nous la rendait plus gracieuse et plus charmante que l'autre nuit. Sur sa jolie figure d'ange, on remarquait l'empreinte d'un souci ou d'une préoccupation secrète, et sur ses joues d'enfant, ordinairement pâles, on voyait circuler, sous leur naissant duvet, différentes teintes rosées qui venaient du contentement. Mais son beau front, bien ouvert sous ses cheveux bien relevés, se couvrait parfois de nuages rapides comme les pensées qui les faisaient naître. Il n'était pas difficile de voir que cette enfant se trouvait, par intervalles, en proie à une foule de pensées diverses qui, s'entrechoquant à chaque instant, la rendaient à la fois joyeuse et triste, pleine de craintes et d'espérances.

IV.

—Mila, lui dit le viel hôte après lui avoir donné, aussitôt qu'elle fut rentrée, le premier baiser du matin, allumez, mon enfant, le calumet de la paix.—Et elle le dépendit de la muraille où elle l'avait fixé la veille, le remplit lentement et pensive du tabac de la calebasse, l'alluma au brasier sans trop savoir ce qu'elle faisait, et le tendit, après une nouvelle pose, à son aïeul, qui, l'ayant aspiré un instant, me le rendit pour que je le fisse passer aux autres hôtes de la maison, d'après leur rang d'âge et de position; il revint à la jeune

Mila, qui, sans y penser, le conserva à sa jolie bouche plus longtemps que de coutume.

— « Qu'avez-vous, ma fille, lui demanda
« la jeune femme tout en alimentant la
« braise ardente autour de ses petits pains,
« qu'avez-vous ce matin, enfant ? vous
« êtes inquiète, est-ce que le Grand-Es-
« prit est venu pendant les ténèbres troubler
« votre repos, ou votre père vous est-il ap-
« paru pour vous demander la vengeance
« trop tardive qui lui est due, que votre
« frère n'a pas encore eu le cœur de lui
« donner depuis deux neiges qu'il l'attend?
« Mais rassurez-vous, ma Mila, nous l'au-
« rons cette fois, la vengeance, nous l'au-
« rons, et la fumée des entrailles de la
« victime montera comme un parfum vers
« votre malheureux père, pour réjouir ses
« regards.

— « Non, mère, répondit la jeune fille
« en laissant paraître dans toute sa per-
« sonne un accent d'épouvante, non, ni
« mon père ni le Grand-Esprit ne sont
« venus; seulement j'ai encore idée des

« terreurs de la veille et des dangers qu'a
« courus la tribu de mon frère. Il me sem-
« ble encore entendre les cris des senti-
« nelles, et je crois voir rôder autour du
« camp les hordes de nos ennemis. Mais
« je pensais aussi, mère, que le Grand-
« Esprit ne nous permet la vengeance que
« d'une manière loyale, par la guerre, et
« que mon père sera bien plus glorieux de
« voir exterminer à ses 'pieds les fils des
« Longs-Serpents, que brûler en son hon-
« neur, traîtreusement, un captif sur un
« lâche bûcher.

— « Vous pensez, Mila? ajouta le jeune
« chef, qui était trop noble de cœur pour
« répliquer au meurtre par un meurtre ca-
« ché. Le grand Manitou a inspiré votre
« parler, ma sœur, c'est bien.

— « Non, dit la mère, il sera enfin
« vengé par la mort qu'il a subie lui-même!
« vous avez tous des cœurs ingrats, des
« cœurs timides.

— « Paix! termina le vieillard en frap-
« pant la terre avec son calumet, paix! que
« le conseil se réunisse, et ce qu'il aura
« décidé sera décidé.

V.

Le déjeûner s'apprêtait, les petits pains, bien cuits et bien jaunes, étaient retirés du feu, la viande suffisamment rôtie et les aides-de-camp étaient rentrés pendant la discussion qui faillit s'engager.

La ménagère nous fit passer à chacun nos portions, qu'elle découpa avec une lame en pierre (1) bien effilée au bout d'un long manche, puis le café clair qu'elle nous appréta.

Pendant que tout le monde s'adonnait aux délices de la table, étalée sur le sol devant nos nattes sur lesquelles nous étions assis en cercle autour du feu, et tandis que la jeune femme restait attentive aux soins des repas de ses hôtes, la compatissante Mila se dirigea vers la huche, y prit deux petits pains, les sépara en deux portions chacun, en mit une dans son sein, cacha adroite-

(1) Le fer est inconnu chez les sauvages; leurs instruments tranchants, ainsi que leurs tronçons de flèches, sont en pierre, — pierre très-dure, compacte et amincie, d'une couleur verte, transparente comme le verre, mais moins fragile.

ment les autres au fond d'une calebasse remplie de glands grillés, et vint ensuite montrer à son frère le déjeuner qu'elle por-- tait au prisonnier.

Cette démarche ne surprit personne, car il est d'usage chez les sauvages de bien traiter les captifs jusqu'au jour du supplice, et les repas doivent leur être servis, ainsi qu'aux hôtes, par la maîtresse de la hutte d'où ils dépendent.

VI.

La petite Mila n'était pas encore rentrée : que faisait-elle ainsi absente si longtemps ? Probablement qu'elle s'introduisait, sans s'émouvoir, sous la hutte du prisonnier, se faisait bien venir de son vieux gardien, lui offrait, pour se l'attirer, une fraction de son pain (1) brisé, et rompait tout naturellement l'autre avec son ami, pour qu'il mangeât de la même pâte qu'elle allait manger et qu'il pût songer, pendant son dîner, à cette ingénieuse délicatesse de son amie qui lui avait fait rompre le même

____
(1) Le pain est pour eux une nourriture friande.

pain, pour lui montrer que dès ce jour leur vie, comme leur nourriture, était inséparable. Probablement qu'elle lui montrait aussi, par de doux regards, la sincérité de ce langage si expressif.

Après une assez longue absence, Mila rentra rayonnante de joie et témoigna à tous ses hôtes de la vigilance sévère du gardien du Long-Serpent.

Notre déjeûner était fini, le sien réchauffait bouché au coin du feu; sa mère le lui fit passer, et elle mangea avec appétit le morceau de galette rompue caché dans son sein, en formant des projets pour sauver son protégé.

VII.

— « D'abord, dit le vieux chef, comme
« s'il eût voulu recommencer la discussion
« interrompue par lui avant le repas, d'a-
« bord qu'une reconnaissance exacte soit
« faite autour de mon camp : les Serpents
« nous entourent, leur chef a été pris,
« mon peuple est en danger, sauvons-nous
« avant de songer à la vengeance. »

patiente jeune femme fut obligée d'ater-
moyer le châtiment qu'elle méditait sur le
captif; la vieille matrone fit un geste de
mécontentement, et la jeune fille, jusque-
là inquiète, reparut à cette heure d'une
joie plus franche et moins soucieuse,
comme si les paroles magiques qu'elle venait d'entendre eussent, en la rassurant
sur le présent, enlevé un poids énorme qui
pesait sur son cœur. Avant tout, en restant heureuse, elle avait des arrière-pen-
sées qui lui causaient par moments de vio-
lents chagrins. A cette heure elle devint
plus libre et dégagée, sans toutefois se compromettre par des excès de joie qui eussent
été, en ce moment, intempestifs.

Quant au jeune chef, qui ne rêvait qu'à la
guerre pour venger le supplice de son père,
cette disposition lui allait à merveille.
Il donna ses ordres aux aides-de-camp,
fit assembler les troupes, ils étaient six
cents guerriers ; on amena ses chevaux
et on passa la revue ; puis on effila les ha-
ches en pierre à double tranchant, on re-
trempa les flèches dans la liqueur empoison-

née (1) pour les rendre plus meurtrières, et le jeune chef caracola au milieu de sa tribu réunie en faisant un appel à son courage.

VIII.

Il était beau ainsi, ce vaillant chef monté sur son grand cheval d'un noir luisant, dont l'épaisse crinière, quand il galopait, ondulait jusque sur le corps de son noble maître ; il portait en ceinturon, sous son manteau hérissé de longs poils, sa hache à deux tranchants dont l'un est une pique, et, sur son dos, ses flèches dans un carquois retenu, avec son arc, par une lanière passée sous son bras et à son col ; sa tête était ornée de sa plus belle aigrette, de couleur blanche, et sa longue chevelure noire, nouée en gerbe à son sommet, flottait au gré du vent en s'harmonisant avec le galop cadencé du cheval.

Ses trois aides-de-camp le suivaient sur des chevaux moins beaux mais aussi fiers et impatients.

(1) Le suc d'une plante appelée hyèdre, très-vénéneuse.

Ils disposèrent leur armée en quatre corps, seulement sur une seule file (1), afin que ne présentant pas tous les guerriers en masse compacte à leurs ennemis, les flèches décochées par ces derniers atteignissent moins souvent leur but et leur fissent moins de ravage.

Quand ces préparatifs furent achevés, quand les chefs eurent plusieurs fois galopé dans les rangs et fait courir tous leurs soldats sur la place, dans la neige, pour reconnaître l'agilité de chacun d'eux et façonner leur corps, le jeune capitaine fit appeler son vieux père, qui vint péniblement, appuyé sur un aide-de-camp et entouré de ses femmes, passer une dernière fois la revue de ses troupes et stimuler leur amour pour lui et leur courage.

IX.

— « Bien, bien, mes braves Pawnies,
« leur criait-il de sa voix presque éteinte,
« mais, à cette heure solennelle, pleine de

(1) J'ai vu passer ainsi plusieurs tribus réunies allant en guerre, devant notre jolie maison de Freuch-Valley. (Chapitre 36 de la 7e partie de mon manuscrit.)

« feu et d'énergie, vous vous rappelez votre
« vieux chef et votre glorieuse histoire ;
« le grand Manitou vous a faits les plus
« vaillants de ses forêts, et vos pères ont
« déjà, par trois fois avant vous, écrasé
« les orgueilleuses têtes de ces Serpents.
« Malheur à eux! mes valeureux guerriers,
« plus de pardon : ils ont dit, les infâmes,
« que vous étiez des lâches! »

Le sage vieillard suspendit là son discours pour voir l'effet qu'allaient produire
ces dernières paroles infamantes dites à
propos. Il ne s'était pas trompé, la colère
bouillonnait dans le cœur de ses enfants, et
tous, devenus furieux, hurlaient des hourras
frénétiques et l'extermination des Longs-
Serpents ; ils la jurèrent au centenaire, et
partirent comme des furibonds entraînés
par leur chef.

En habile capitaine, il dirigea chaque
corps en cercle, au nord et au sud, au cou-
chant et au levant, autour du camp, bien
loin pour le cerner tous à la fois, empêcher
toutes surprises et pouvoir, après la reconnaissance faite, se réunir, se porter et atta-

quer impétueusement, en masse, le wigwam des Longs-Serpents. De cette manière, chassant devant eux l'ennemi, ils ne s'exposaient pas à laisser piller par derrière leur camp resté sans défense.

Plusieurs chevaux suivaient après, chargés de vivres pour une longue campagne.

Ensuite venaient les femmes (1), qui suivaient leurs hommes pour partager avec eux les dangers du combat.

Le vieillard regardait partir avec satisfaction sa belle armée, et disait à sa famille en rentrant avec moi : « Ce sont bien là « les fils de leurs ancêtres. »

X.

« — Oui, répondit la vieille matrone, que

---

(1) La femme sauvage ne quitte jamais *son homme*, que son Manitou lui a choisi, bien supérieure en cela aux femmes civilisées, surtout aux femmes du monde, qui abandonnent en général leurs maris pour une question d'argent. Elles les abandonnent, mais la société est plus lâche encore, car elle laisse faire, elle permet, elle autorise. N'êtes vous pas de mon avis, M. l'avocat L***? et vous, M. le défenseur des lois? Mais je vous demande pardon, à vous mes aimables lectrices, de cette dure vérité. Parmi vous, vous le savez, il n'y a pas que des anges.

« je n'avais pas encore entendu proférer
« une parole ; oui, ceux-là ne sont pas des
« lâches ; s'ils n'étaient pas enchaînés par
« vous, ils ne laisseraient pas si longtemps
« impuni l'horrible meurtre de mon fils,
« mon enfant que le Grand-Esprit avait
« fait si beau, si brave et si vaillant, mon
« fils qui devait régénérer son peuple. Hélas!
« comme après lui tout est tombé, et le
« fils de mon fils n'a plus de cœur : trois
« fois déjà il devait venger son peuple, il
« en avait l'occasion, et trois fois il a cher-
« ché de vaines excuses dans ce qu'il ap-
« pelle la loyauté, dit la vieille avec un
« rire amer. O mon bel Aleva! tu nous ré-
« clames encore leur châtiment, et ta mère
« vit, et elle n'a plus d'influence au con-
« seil ; on lui impose silence, on la chasse,
« ô toi, l'os de mes os ; et toi qui es son
« père, tu souffres cette impunité! Père lâche
« et barbare! ce jeune insensé a surpris
« ton courage par ses belles paroles ; il a
« renié la foi de ses aïeux pour suivre celle
« des Longues-Têtes (1) qui envahissent nos

(1) Les hommes civilisés.

« forêts, qui nous enchaînent dans leur
« religion, qui nous volent notre liberté,
« père mauvais! Et vous mes vieux Pawnies!
« eussiez-vous pensé qu'un jour votre na-
« tion, si grande, si belliqueuse, dût tom-
« ber si bas entre des mains si débiles,
« si énervées, si.......

« — Paix! femme peu sensée, répliqua le
« vieillard, vous avez plus de quatre-vingts
« hivers (1), mais la sagesse n'est pas encore
« venue; votre cœur est bon, mais votre
« tête est mauvaise. Les Longs-Serpents
« seront châtiés, mais tous, loyalement, par
« la guerre et dans la destruction de leur
« race impie ; ainsi le veut le grand Ma-
« nitou, et mon fils est dans lui. »

Telles furent les paroles du vieux chef, et
nous reprîmes nos places autour du foyer.

Il ne restait plus au camp que les femmes
et les enfants de mon vieil hôte, quelques
vieillards incapables d'aller à la guerre ;
il restait aussi le prisonnier et son gardien.

____

(1) 80 ans.

XI.

— « Père, dit la jeune Mila, qui saisit
« à la hâte ce moment de répit pour con-
« solider l'esprit du vieillard dans ses
« dernières résolutions et verser sur son
« cœur ulcéré, toujours en butte à de nou-
« velles attaques, le baume bienfaisant de
« ses paroles de paix, comme moyen pré-
« servatif contre les violentes scènes de sa
« grand'mère ;—Père, le grand Manitou va
« bientôt couvrir de ses ténèbres la forêt
« et les guerriers de mon frère; adres-
« sons-lui une prière afin qu'il éloigne
« de son camp les embûches de nos enne-
« mis ; père, prions-le aussi pour qu'il pu-
« rifie nos âmes et nous fasse meilleurs
« qu'eux, qu'il chasse de nos cœurs toutes
« pensées de traîtrise , toutes idées de
« meurtre et d'attentat; et il rendra nos
« armes heureuses, et il donnera la victoire
« à nos braves Pawnies.

Ces paroles de la jeune fille, dites à propos, incisives, mais couvertes par la préoccupation de sûreté générale, produisirent

l'effet qu'elle en attendait, sans choquer les sentiments de personne à l'endroit de la vengeance méditée par la jeune femme et si vivement réclamée par la vieille ma-trone, car tous répondirent :

— « Oui, prions, Mila, prions et que votre « voix soit entendue par le Grand-Esprit ! »

— « Ame de mon père, dit-elle, toi qui « fus grand parmi les grands, toi que tous « les Pawnies regrettent, parce que tu étais « brave entre les braves, parce que la sa-« gesse résidait en toi, parce que tu avais « respecté les lois, la justice et la loyauté « des pères de tes pères, viens et chasse « de nos cœurs tout sentiment impie et « déloyal ! O toi, qui es mort en pardonnant « à tes ennemis, ne laisse pas ternir leur « mémoire et ne souffre pas que les fils « des Longs-Serpents puissent dire de nous « un jour : Les Pawnies aussi étaient des « traîtres ; ils ont brûlé sur le bûcher le « captif désarmé, ils se sont vengés sur le « malheureux sans appui, ils ont souillé « par cette action honteuse l'histoire il-« lustre de leurs aïeux. »

Après cette courte oraison, la jeune fille
entonna de sa voix mélodieuse et tendre
de doux accents comme je lui en avais entendu chanter la veille au Grand-Esprit ;
ils avaient quelque chose encore de plus
suave, de plus touchant, qui acheva,
comme elle l'avait pensé, de raffermir le
vieillard dans sa résolution et chasser de
son âme tout ce qu'avait pu y laisser de fiel
et d'amertume les discours de la vieille
femme et de la ménagère, car il ajouta :

« Non, mes grands ancêtres, vous n'au-
« rez jamais à rougir des enfants de vos
« enfants. Jamais les Serpents ne diront
« que les Pawnies étaient des lâches et
« qu'ils ont versé le sang en dehors du
« combat; et toi, mon fils, tu seras vengé,
« mais par les armes de la guerre..... Si-
« lence ! continua-t-il en s'adressant à la
« vieille matrone, qui intervenait comme
« une furie, silence ! le grand Manitou a
« parlé et j'ai dit. »

XII.

Il se fit encore quelques rumeurs pendant

longtemps sous la hutte du bon sauvage
les deux femmes voulurent parler en faveur de leur cause : la vieille évoqua bien
l'ombre de son fils se tordant sur le bûcher,
la cruauté et les outrages des Longs-Serpents; la jeune veuve fit aussi appel à la
justice du vieillard, à son grand cœur, en
lui rappelant son fils trop oublié et sa
promesse de faire décider la mort du prisonnier par le conseil de la nation. Mais le
vieux chef se fâcha, frappa à plusieurs reprises son calumet à terre et réclama la paix
pour ses vieux jours. Le silence alors se
fit ; chacun reprit son occupation morne et
taciturne, accroupi autour du feu ; la ménagère prépara le souper, mais en colère ;
la vieille continua de faire sécher ses
feuilles de tabac en les froissant de temps
à autre entre ses mains, de rage et de dépit. Mila seule, contente et radieuse, ral-
luma pour son aïeul le calumet éteint.

Après, le Manitou des ténèbres (1) nous
convoqua au repos du sommeil.

(1) Il y a le Manitou du jour et celui de la nuit.

XIII.

Cette nuit-là fut plus calme que la précédente, et mon sommeil moins souvent troublé; il est vrai que sur les observations de Mila, mes hôtes avaient laissé s'éteindre le foyer, et ne conservaient aucune lumière sous la hutte, parce que, avait prétendu la maligne enfant, la clarté m'empêcherait de dormir, et qu'il n'y avait plus nécessité de se gêner, puisque tout danger avait disparu autour du camp.

Cependant, malgré la tranquillité de la nuit, je me rappelle avoir entendu, bien avant dans les ténèbres, un bruit imperceptible qui me réveilla; c'était d'abord comme le léger frôlement d'un pas contre le sol, puis après le timide froissement d'une étoffe ou d'une peau qu'une main eût soulevée pour la laisser doucement retomber ensuite avant de disparaître. A mon réveil le matin, je voulus pénétrer la cause de ce mystère; je pensai que ce pouvait bien être la petite Mila allant annoncer au prisonnier l'heureuse issue de la conférence de ses ennemis à son sujet, je lui en parlai; elle rougit quand je lui affirmai avoir entendu doucement, doucement, soulever le rideau de la porte, puis le bruit d'un pas moins craintif qui disparaissait dans les ténèbres, et elle s'esquiva : c'était elle. Elle avait même plus fait : elle avait soustrait dans la huche au pain trois galettes qui y restaient, dont la disparition ne demeura pas étrangère à la jeune femme, à qui elle dit, comme elle s'en inquiétait : « Je les ai données aux enfants ce matin « pour leur déjeûner, ils sont allés de « bonne heure jouer avec leurs camarades; « ils partageront avec eux : mère, j'ai bien » agi. »

XIV.

En cet instant arriva au grand galop de son cheval, un aide-de-camp du chef en message extraordinaire. Il annonça que leur armée avait surpris les Longs-Serpents en préparatifs de guerre pour sauver leur chef, qu'elle entourait heureusement leur wigwam, mais que ces derniers faisaient

de fréquentes sorties qui leur étaient fu-
nestes. Il dit que les Pawnies murmuraient
contre leurs chefs, parce que, prétendaient-
ils, leur indolence dans l'impunité était la
seule cause de leurs échecs, et que leur ancien capitaine, non vengé, indisposait le
grand Manitou contre la nation entière;
qu'enfin ils voulaient à tout prix réparer
ces désastres et se rendre, à l'avenir, plus
favorable leur Dieu, en lui faisant immé-
diatement un sacrifice humain sur le bûcher.

XV.

— « Son heure est enfin venue, dit la
« vieille d'un air sardonique, en lançant au
« vieillard un regard de mépris ; il n'é-
« chappera plus, cette fois, à la colère du
« Manitou ; et toi, mon fils, et vous, mes
« grands aïeux, vous n'aurez plus à rougir
« de la lâcheté de vos descendants !

« Ma fille, continua-t-elle en s'adres-
« sant à la jeune femme, jurons tous d'al-
« lumer demain matin, pour saluer le so-
« leil à son lever, le bûcher sur lequel

« nous brûlerons les entrailles du Long-
« Serpent. »

Le centenaire secoua sa belle tête blanche, en signe de dénégation, comme s'il
n'eût pas été entièrement convaincu de la
détermination que prenaient les Pawnies.
Il chercha à la combattre encore ; mais la
vieille sibylle, mais la jeune femme, de-
venues imposantes à cette heure, s'écriè-
rent en couvrant la faible voix qui faisait un dernier effort en faveur de la
clémence : — « Il le faut, la nation le veut,
« l'exige, le Manitou le commande; il mour-
« ra comme est mort votre enfant, dans les
« flammes du bûcher.

— « Qu'il meure donc! répartit le vieux
« chef accablé sous le poids de l'irrési-
« stible exigence de sa tribu, à laquelle il
« eût été dangereux de s'opposer plus long-
« temps, et que je puisse vivre en paix mes
« derniers jours. »

A ces mots il se leva péniblement, s'appuyant sur un long bâton, et sortit pour se
soustraire aux invectives de la vieille mégère, qui ne cessait de lui reprocher, comme

une furie, sa trop tardive résolution d'où venaient, selon elle, tous les désastres de son peuple.

La jeune Mila se leva aussi pour suivre son aïeul, disait-elle, et veiller sur ses jours, mais pour ne pas rester non plus spectatrice plus longtemps des préparatifs de la mort de son fiancé.

En dépassant le seuil de la porte, le vieillard s'écria : « Je me lave les mains du « crime que vous allez commettre : au lieu « de l'apaiser, ce supplice inique et lâche « irritera encore le Grand-Esprit, et sa co« lère, je vous le dis, retombera sur ma « race. »

XVI.

Mila eût bien désiré confier à son vieux père son amour pour le captif, amour saint et sans tache ; mais elle ne l'osait pas : elle craignait, la timide enfant, de voir se changer aussitôt en courroux, après cet aveu, les bons sentiments de justice, de clémence et de religion dans lesquels elle était si heureuse d'avoir amené le grand chef de sa maison. Non, elle ne l'osait pas. Cependant, espérant sauver son ami, elle allait tout avouer, quand une idée subite vint lui indiquer un projet plus sûr et moins compromettant.

Elle feignit de se retirer à l'écart, d'aller chez une voisine, et partit silencieusement dans la forêt, en faisant des détours vers un store américain qu'elle connaissait. Elle y échangea contre une peau d'ours une bouteille de brendit (1), revint vite en cachette, et recouvrit derrière la hutte sa bouteille, son trésor, sous un tas de neige qu'elle remarqua.

A sa rentrée dans sa famille, on ne s'était pas même aperçu de son absence, tant y causait de distraction joyeuse l'avant-goût des jouissances atroces qu'allait procurer la fête barbare du lendemain.

XVII.

En ce moment, on préparait au pied de l'arbre où le prisonnier avait été lié en ar-

____

(1) Eau-de-vie américaine.

rivant, le bûcher sur lequel devait se con-
sumer son corps. Chaque sauvage resté
au wigwam voulut prendre part à l'édifica-
tion de ce tréteau fatal ; les uns apportaient de la forêt, sur leurs épaules, de
grosses branches de sapin résineux et sec
qu'ils jetaient en cet endroit, pour courir
en chercher d'autres encore après les vieux
arbres tombés et gisants sur la neige ; les
autres amoncelaient un bois plus mince et
plus brûlant qu'ils avaient fendu en éclats ;
ceux-ci, des branchages pour allumer le feu,
et ceux-là recueillaient, sur les pins des
environs, de grosses boules de résine pour
alimenter et stimuler l'action de l'incendie : tous étaient occupés, et couraient et
s'empressaient sous la voix rauque de la
vieille sibylle, qui commandait. Et quand
ils avaient fait, ils entassaient en piles les
unes contre les autres les branches de sapin, en intercalant entre elles les éclats de
bois fendu et les feuillages qui devaient
communiquer la flamme. Puis, lorsqu'ils
eurent ainsi composé à une certaine hauteur le monument sinistre, ils plantèrent au

milieu un énorme et long plateau, contre lequel ils devaient fixer, par de nouveaux liens, l'infortuné captif. Sur le sommet de cette inique potence, était un écriteau sur lequel on lisait, en lettre cabalistique écrite en rouge, le nom du chef Serpent, et celui du chef Pawnie en expiation de la mort duquel se faisait le sacrifice. La sensible Mila ne put pas supporter l'aspect de ces apprêts barbares, et pour ne pas coopérer à cette œuvre qui la révoltait, elle resta sous la hutte au pied du centenaire, prétextant des soins à lui rendre, parce que, disait-elle, à cause des scènes précédentes, il se trouvait dans un état fébrile et dangereux. De mon côté, je ne pouvais voir sans en frémir tous ces préparatifs faits de gaité de cœur, et ces hommes et ces femmes allant, courant comme des furies, en hurlant des hourras frénétiques au milieu de leur occupation impie, et je me refusais de prendre part au sacrilége.

XVIII.

Mais le soir arriva, et après le souper de

la famille, Mila demanda à son aïeul la per-
mission de porter une dernière fois encore
le repas du prisonnier. Personne ne s'y
opposa, selon l'usage, et le vieillard lui dit:
—« Allez, Mila, et portez en outre au captif
« deux petits pains, pour que son âme, quand
« elle ira au Grand-Esprit, puisse lui dire au
« moins de nous que nous n'avons pas laissé
« souffrir son corps. Allez et adoucissez, ma
« fille, les dernières heures du condamné. »

Mila partit avec ses deux galettes de
nouveau prises dans la huche; et profitant
des ténèbres qui se répandaient déjà de la
nuit bien close, se glissa derrière la hutte
vers un monceau de neige qu'elle reconnut,
la détourna du pied, y prit une bouteille,
la cacha et s'esquiva dans la cabane du
prisonnier.

Elle annonça au gardien le supplice du
lendemain, et que, pour cette raison, elle
apportait au condamné, sur l'ordre du vieux
chef, des adoucissements pour son dernier
repas. Puis se tournant vers son ami, étendu
sur une litière de feuille sèche, elle lui
offrit un petit pain, le rompit avec lui, lui

laissa l'autre en entier, et après lui présenta sa bouteille de brendit pour qu'il en bût une légère potion. Quand il eut fini, elle reprit de ses mains le divin nectar et l'offrit au gardien, en récompense, disait-elle, de ses loyaux services. Ce dernier en but une forte dose, et eût certainement continué à boire de même dans la bouteille, en l'ingurgitant toute d'un trait dans son vaste gosier(1), si Mila ne l'eût arrachée de ses mains. Contente alors d'avoir alléché cet ivrogne, elle fit signe à son ami d'espérer, et elle sortit en courant cacher de nouveau sa miraculeuse liqueur dans un autre tas de neige, avant de rentrer à l'habitation.

Pendant l'absence de la jeune fille, tous les hôtes étaient en prière, tenant les mains élevées vers leurs dieux pour invoquer leur assistance au sacrifice de la victime, et le vieillard, de son côté, implorait pour qu'ils leur pardonnassent à tous leur aveuglement.

En ce moment Mila rentrait; on éteignit le feu et les ténèbres se firent.

(1) Les sauvages sont très-avides d'eau-de-vie.

XIX.

Durant les premières heures de la nuit, tout était plongé dans le plus profond silence à l'intérieur de la hutte, et au dehors on entendait seulement siffler la bise, qui rasait la surface de la neige en l'amoncelant devant la porte.

Bientôt la jeune Mila, profitant d'une de ces rafales, se leva légèrement de sa couche, se dirigea à tâtons vers la porte, la souleva, en sortit et disparut; je n'entendis bientôt plus que grésiller sous ses pas la neige que foulaient ses petits pieds.

Mila courait ainsi à la délivrance de son fiancé, qu'elle savait bien obtenir de son geôlier au moyen de sa bouteille enchanteresse, à laquelle elle l'avait habitué la veille.

XX.

Cependant le jour paraissait, le soleil allait bientôt répandre ses premiers rayons sur le wigwam, et le sacrifice devait commencer.

Tout à coup parut sous la tente un cavalier arrivé en toute hâte avec un nouveau message. Cette fois il fut terrible. L'armée des Pawnies était massacrée, et les Serpents allaient venir piller le wigwam. « Je retourne au combat, ajouta-t-il, et j'emmène avec moi les hommes qui restent au camp. »

A ces mots, la terreur fut au comble sous la hutte du vieux chef ; tous les sauvages poussèrent des cris de détresse, et la vieille matrone, ainsi que la jeune femme, coururent, toutes furieuses, chercher le captif pour le traîner sur le bûcher et apaiser, s'il en était temps encore, la colère de leurs dieux.

Mais elles ne le trouvèrent pas! A sa place, sur la couche de feuilles sèches, était seulement étendu, mort ivre, le gardien du Long-Serpent.

Tous redoublèrent leurs plaintes. La jeune mère versait d'abondantes larmes; la vieille hurlait des cris de rage, se tordait les mains vers le ciel, en se disant l'auteur de la destruction de sa race, et elle vociférait des imprécations contre Mila, dont le crime, à cette heure, devint évident pour tous.

XXI.

— « Fille ingrate, disait-elle, toi que j'ai
« reçue dans mon sein, que j'ai nourrie et
« aimée, que j'ai élevée pour ce grand
« déshonneur, soit maudite ! »

— « Ma mère, ajoutait la jeune femme,
« ne la maudissez pas, il faut la plaindre. »
Et elle répandait de nouvelles larmes amères,
elle maculait de cendre sa belle chevelure
noire; elle était inconsolable.

La mort de son mari non vengé, la disparition de sa fille avec le captif, la destruction de sa race, lui faisaient trois sujets
de désespoir, revenaient sans cesse à son
esprit et de nouveau la faisaient sangloter.
Mais sa fille surtout l'occupait davantage.

— « Pauvre mère, répétait-elle souvent,
« toi qui étais si heureuse de la voir, toi
« qui l'as tant aimée: elle était si belle, ma
« Mila, mon enfant! Ah! tu n'es pas perdue,
« n'est-ce pas? tu n'as pas renié ta foi: tu
« n'as pas été si ingrate? Tu n'as pas pré-
« féré à ton père l'ennemi de ta race? Dis,
« ma Mila, réponds-moi? tu n'as pas oublié

« ni ton père ni ta mère qui t'aimaient
« tant ? »

Et la pauvre mère, qui ne pouvait s'imaginer une telle chose, cherchait partout,
devenait folle dans son désespoir.

Quand elles eurent bien pleuré, elles quittèrent la prison pour rentrer sous la hutte,
espérant sinon y retrouver la jeune fille,
du moins y chercher des consolations en
confondant leurs larmes avec celles du
vieillard, et en verser sur les désolants effets de l'enfant perdu.

XXII.

En arrivant sur la place, elles entendirent
dans le lointain un brouhaha de cris frénétiques, et reconnurent avec frayeur les
hourras de joie que poussaient leurs ennemis dans la forêt, en se précipitant au pillage de leur wigwam. Puis elles virent luire
devant elles un grand incendie, un grand
feu sur la place, et un épais nuage de fumée qui s'élevait vers le ciel ; et à travers
cet épais nuage de fumée noire sous laquelle pétillait la flamme, elles distinguèrent

la noble figure d'un noble vieillard debout, au pied d'un poteau, s'appuyant sur un sceptre.

C'était le vieux chef couvert de ses attributs de royauté, qui finissait sa vie avec celle de son peuple, et choisissait ainsi cette mort, la plus belle pour les souverains, quand ils se la donnent eux-mêmes afin de ne pas tomber au pouvoir de leurs ennemis.

Quand elles accoururent, le centenaire chantait encore son hymne de mort. Il les consola et les invita à suivre son exemple, et tous se précipitèrent à ses pieds dans les flammes; et bientôt tous ces corps entrelacés et promptement dévorés par l'incendie, tombèrent en cendre.

XXIII.

— Je contemplai avec stupeur, ajouta Lebourg, ce spectacle extraordinaire si inoui pour moi; et je versai, près du bûcher où tout venait de disparaître, des larmes amères sur la tombe de mes hôtes devenus mes amis. Mais resté seul au camp, je fus épouvanté; et craignant de tomber entre les mains des Serpents qui arrivaient, je vidai dans mon sac de voyage le restant de la huche au pain, m'emparai d'une peau d'ours pour souvenir, et je pris la fuite dans la forêt.

XXIV.

—Je savais bien, dit Bill, que ça finirait mal pour les Pawnies, moi qui connais leurs mœurs. Mais cette charmante petite Mila m'intéresse, qu'a-t-elle dû devenir ?

—Vous allez la revoir, reprit Lebourg, je l'ai retrouvée non loin du camp de ses pères, dans le wigwam d'un missionnaire. Mais il est tard, ma tente est plantée loin d'ici, sur la rive gauche de la Jouba : j'ai un long chemin à faire; à la veillée prochaine je vous dirai la suite de cette histoire.

—Revenez demain, demanda Bill, il y aura pour vous une bonne théière toute pleine.

—Oui, fit notre conteur en se soulevant de dessus la roche sur laquelle il était assis devant la porte, mais je suis difficile sur le thé, faites-le un peu plus fort.

I.

Les racontances du père Lebourg nous firent naître à tous des réflexions diverses, selon nos sentiments particuliers.—« Ce sont bien là les mœurs des sauvages, dit Naud en montant sur son lit ; ils sont bien tous les mêmes et semblables à ceux du Canada. »

— « Pas encore, répondit le petit Bill, tout en enfonçant sur ses yeux son grand bonnet de laine, — pas encore, bien qu'ils soient de même race; les nôtres sont déjà civilisés, ils font partie de nos communes et insensiblement ils s'incorporent avec nous. »

—« Jamais, ajouta violemment M. Naud; il y aura toujours entre eux et nous une forte démarcation. On voit bien quelquefois des nôtres transgresser les lois, des ignorants épouser leurs filles ; mais ces mésalliances-là sont rares, et les fruits qui en proviennent prospèrent peu dans la bonne société. Je connais un bon habitant dont la fille voulait, à tout prix, épouser un sauvage de la paroisse voisine ; eh bien !

Messieurs, ce brave Canadien parla sur ce sujet sévèrement à sa fille. « Si jamais tu « épouses un sauvage, disait-il, je ne te re- « garde plus comme mon enfant, et je don- « nerai tout mon vaillant (1) à ton frère. » Le mariage eut lieu néamoins ; mais, Mes-sieurs, fit Naud en se redressant assis sur son lit et pérorant avec emphase, ce fidèle habitant tint sa parole et priva sa fille de tous ses biens. C'est vrai comme je vous le dis, Messieurs, répéta-t-il deux fois d'une voix solennelle, et en faisant gravement des mouvements de tête de haut en bas qui firent pouffer de rire le petit Bill. »

— « Mon Dieu, dit ce dernier, je ne ris pas de vous , mais du bonnet, dont les oscillations nécessitées par vos branlements de tête, représentaient sur le blanc de la toile , en affaissant sur lui-même son haut sommet pointu, toutes espèces d'om-bres singulières ; il avait l'air, au-dessus de votre grand corps, de la haute tête aplatie d'un dromadaire qui baille.....; il était

______

(1) Expression canadienne.

toujours risible. » Mais Naud se fâcha de la caricature et dit à Bill, son protégé, qu'il le chasserait si à l'avenir il avait avec lui de pareilles irrévérences.

— « Vous vous en donnerez bien garde, cher maître, ajouta en calinant le malin enfant (1), vous aimez trop votre petit Bill : le chasser ! mais qui donc vous aimerait autant que moi, qui vous friserait si bien, si je n'étais pas là ? qui soignerait votre maison et vous donnerait tous les matins votre nanan au lit ? Me chasser ! bon maître, mais vous n'y pensez pas ; vous vous dites comme ça : je m'en vais de temps en temps effrayer mon petit Bill, pour le rendre moins débauché, le rendre moins coureur ! Ah ! je connais vos ruses, allez, bon maître. »

Et il continua à débiter ses gentillesses avec tant d'aplomb et d'une voix si caressante que M. Naud ne put s'empêcher, à notre exemple, de rire aussi à l'aspect de cette scène que représentait seul le petit

______

(1) Voir son apparition sous la tente de M. Naud, chez qui je prenais pension. Ch. 33, 4ᵉ partie.

Bill, au milieu de la tente où déjà nous étions tous couchés,

II.

— « Je disais donc, cher maître, quand vous vous êtes fâché, qu'il s'opérait une fusion entre les sauvages du Canada et les habitants des paroisses voisines. Tous les jours, on voit se croiser les deux races. Je connais plusieurs Canadiens bien établis chez ces braves gens. Ici, n'avons-nous pas Mercier (1), le généreux Mercier, qui est le fruit d'un mariage semblable ; moi-même qui vous parle, je suis né d'une sauvagesse et d'un père d'origine française ; en sommes-nous pour cela plus à mépriser ? »

— « Oui, s'empressa d'interrompre M. Naud, ils sont jolis les rejetons de cette race, si vous me citez ce vieil ours de Mercier ; je vous déclare bien, moi, qu'il n'en entrera jamais dans ma famille. Ce

______

(1) Ayant reçu un jour un grand service de Bill, il voulait faire accepter moitié de sa bourse à ce dernier, qui la refusa. (Ch. 40, 4ᵉ partie.)

serait beau, 'ma foi, de s'entendre dire partout où l'on irait, dans toutes les boutiques où l'on entrerait : Quel est donc ce mariage qui passe ? quelle est cette jeune fille que ce beau jeune homme ramène de l'église ? Ah ! c'est M. Naud, qui a épousé la fille d'un sauvage....... Le pauvre garçon !..... C'est une tache, voyez-vous, ma chère, c'est une grande tache pour cette maison, restée jusque-là si pure, si digne, si respectée. Ah ! comme tout s'en va dans la vie ; comme tout dégénère avec les enfants ! »

— « Mais, répéta Durand, pourquoi avoir honte de ces gens-là ? Ils ont pris nos usages ; ils font partie de nos communes ; ils sont tous de fervents catholiques ; il est vrai que, pour n'être pas méprisés dans vos églises, ils s'en sont fait bâtir pour eux seuls. Ils ne vous repoussent pas, eux : comment se fait-il que vous ne puissiez les supporter ? Ils sont vos frères, cependant. Si vous étiez un peu plus observateurs des lois du divin Évangile, vous n'oseriez pas les méconnaître. Mais l'êtes-vous, je vous le demande ? la comprenez-vous seulement, cette admirable doctrine du Christ : « *Laissez venir à moi tous les petits enfants !* » Et vous, Monsieur, vous chassez les leurs. »

III.

Naud ne sachant que dire, n'ayant plus de raison à étaler pour soutenir sa sotte démarcation, fit un appel à mes sentiments à cet égard.

— « N'est-il pas vrai, me demanda-t-il, qu'il n'est pas beau de voir entrer un sauvage dans sa famille ?

—« Eh ! pourquoi, M. Naud ? lui dis-je : ces sauvages ne sont-ils pas des hommes comme nous ? Ceux-là dont vous parlez ainsi, bien qu'à tort, sont déjà civilisés ; ils ont les mêmes lois, les mêmes mœurs, les mêmes habitudes, vous l'avez dit, ils sont de plus catholiques, comme vous. Ils ont leurs églises, leurs paroisses, leur religion, qu'ils observent aussi bien, sinon mieux que vous : pourquoi alors les dédaigner ?

— Comme ça, répliqua Naud de son air le plus bête, si vous aviez une sœur à marier, vous ne craindriez pas de la donner à un sauvage ?

— Non ! si je n'avais aucune raison particulière pour que je la lui refusasse ; je ne m'informerais pas même si cet homme qu'aurait choisi ma sœur est un Canadien ou un sauvage. D'abord, la loi du divin Évangile, que Bill citait tout-à-l'heure, s'oppose à cette démarcation. L'orgueil seul, M. Naud, cherche à maintenir ces distinctions parmi les hommes ; mais l'orgueil est un fait honteux et méprisable (1).

— Je crois donc, bon M. Naud, que si vous réfléchissiez à cette question, vous la repousseriez comme étant indigne de vous.

Naud, cependant, me ricana au nez, je le laissai faire ; Bill me vengea par ses saillies, et nous nous endormîmes.

(1) Ces distinctions, ces répulsions des Canadiens pour leurs sauvages, ont pour excuse l'ignorance et alors un noble motif : l'honneur.

Les mêmes répulsions existent chez nous ; mais alors, et c'est une honte de le dire, elles n'ont pas même l'ignorance pour mobile.

TROISIÈME PARTIE.

LE WIGWAM DU MISSIONNAIRE. — RETOUR AU CAMP DÉVASTÉ DES PAWNIES.

I.

Le lendemain, nous vîmes arriver à la veillée le vieux Lebourg avec notre ami Charles.—Nous sommes exacts au rendez-vous, dirent-ils en franchissant le haut seuil de la porte.— Nous vous attendions, papa, dit le famillier petit Bill ; et il porta la table devant la porte pour être plus au frais, y déposa des moques pour tout le monde et la théière toute pleine ; chacun reprit sa place de la veille autour de la roche sur laquelle s'assit le père Lebourg, en reprenant ainsi la suite de la vie de Mila.

—Je m'éloignai en toute hâte du camp désolé des Pawnies, et vins à travers les neiges, sous les sombres sapins de la forêt, reprendre mon sentier frayé au-dessus de la rivière la Plume, dont le mugissement de ses cascades me servait de guide. A la tombée de la nuit, ce chemin m'amena dans un store américain d'où Mila, sans doute, avait emporté sa liqueur enchanteresse. Je demandai seulement à y coucher à l'abri de son foyer; mais l'américain, qui avait vu de suite mon embarras, ne permit pas une telle gêne et m'engagea à m'asseoir à la table de la famille (1).

Je parlai de l'histoire des Pawnies, surtout de la petite Mila qui avait disparu avec le fils des Longs-Serpents; ils me dirent qu'ils connaissaient cette jeune fille, qu'elle était bienvenue dans le wigwam d'un missionnaire établi à quelques pas de là, et qu'elle s'y était probablement réfugiée. Je me promis d'y aller le lendemain.

Mon hôte m'installa un bon lit près de son feu, voulut que je prisse encore avec lui le déjeûner du jour suivant, n'accepta rien pour mes dépenses, et me dirigea en

(1) L'hospitalité chez les Américains est une vertu si usitée, qu'elle ne s'exerce pas seulement chez les particuliers, mais encore dans les auberges, qui doivent toujours avoir une table servie pour le nécessiteux; mais ce dernier n'en abuse pas : autrement il s'exposerait aux plus grands châtiments.

chemin sûr du côté du wigwam du missionnaire.

II.

Je suivais un sentier de sauvage (1) tracé
sous les arbres sombres et l'épais feuillage
de la forêt. Bientôt une large clairière
toute blanche de neige s'ouvrit devant moi,
et au milieu je vis se développer gracieusement, sur un tertre peu élevé, une petite
agglomération de cabanes en terre semblables à celles que je quittais ; de grands sapins de forme pyramidale, vastes et toujours verts sous la neige qui incline leurs
branches, parsèment ce léger coteau; et l'on
remarque à son extrémité une modeste
case sur le toit de laquelle est plantée une
simple croix de bois. C'est là que le missionnaire enseigne la religion de son Maître à
ces peuplades sauvages; lui, il habite chez
un chef dans une hutte voisine. On me l'in-
diqua, j'allai le voir; il était d'origine
française, par lui je me fis bien venir de son
hôte, qui m'accueillit en frère.

(1) Petit chemin caché que tracent légèrement les
sauvages pour se dérober aux regards.

Je restai une semaine dans ce wigwam; probablement j'y serais encore, si je n'eusse été stimulé dans mon indolence et mon amour pour la seule nature, par l'ambition qui me poussait sur les rives de ma chère Jouba, où j'espérais trouver encore intact mon ancien claim.

III.

Le missionnaire me donna des nouvelles de Mila et de son fiancé; ils vivaient dans sa mission, chez deux amis voisins, et venaient familièrement tous les jours, ainsi que deux frères, apprendre la doctrine du Christ dans sa chapelle. Tous les matins je les voyais passer, marchant modestement l'un à côté de l'autre, se tenant par la main et accourant, suivis des autres sauvages, quand le tintement mélancolique et argentin de la cloche de l'ermitage les appelait au cathéchisme. Ils s'agenouillaient pieusement, en entrant, sur les peaux de bêtes fauves dont la chapelle est tapissée; tous en faisaient autant. Puis venait ensuite le prêtre, vêtu d'un surplis blanc; il montait à son autel, simple table couverte d'une nappe immaculée, exhaussée sur un gradin, et surmontée dans son milieu par un petit tabernacle qui renfermait la sainte Hostie; au-dessus était placé un crucifix que de temps à autre il présentait à baiser aux bons sauvages agenouillés qui l'écoutaient.

IV.

Rien n'est solennel et grand, sous ces sombres voûtes des forêts vierges, comme ces scènes admirables de la religion ayant pour soutien un noble prêtre, et pour auditoire ces hommes de la nature qui accourent tout heureux à ses accents, à l'annonce de ses bienfaits. Rien n'est plus attachant surtout que cette religion du Christ, qui, se répandant par le cœur de ces hommes dévoués, vient jusque dans les peuplades les plus ignorées, apporter, avec sa voix de clémence, la paix et l'union parmi les hommes. Et en considérant ces choses, en voyant cette imposante solennité au sein de cette chapelle au milieu des bois, autour de cet autel austère, sous la parole grave et douce de ce simple prêtre; à l'aspect aussi de ces

enfants de la nature, recueillis, agenouillés
et s'inclinant devant la croix qu'ils baisent,
l'âme est saisie d'une émotion profonde :
elle contemple, elle admire, elle est heureuse et attendrie; et en m'émerveillant devant tant de grandeur, je n'étais plus
étonné de voir dans le cœur de la jeune
Mila tant d'amour pour son fiancé, à qui
elle venait de sacrifier sa tribu, sa famille
et sa mère, sa mère ! pour suivre la doctrine à laquelle les avait déjà initiés le
missionnaire.

V.

Ce dernier me raconta l'histoire de ces
jeunes amants des bois, et celle de son
établissement dans les montagnes reculées
de la Nevada :

« Il y a deux ans, me dit-il, que j'ai planté
la croix de mon maître dans ces peuplades;
elles sont hospitalières: j'y ai d'abord été
bien accueilli par le chef, qui devint mon
premier prosélyte; les femmes de sa hutte
ont suivi son exemple; elle se propagea
dans tout son wigwam, et je vis bientôt

accourir, à la voix de ma religion, les chefs
des tribus voisines. Il me fallut alors une
plus grande enceinte pour contenir mes
fidèles, et je construisis, avec l'aide de mon
charpentier, cette modeste chapelle que
j'espère agrandir encore dans quelques années. Il y a trois semaines environ que je
connais la jeune Mila; elle vient tous les
jours, quand elle peut s'échapper, assister
au cathéchisme. C'est là, me confia-t-il à
l'oreille, qu'elle s'est rencontrée avec le
jeune Alalis, avec qui je vais la marie^r
quand j'aurai fait de lui un chrétien ; elle,
elle est déjà baptisée. Ce jeune homme
est un chef de la tribu des Longs-Serpents,
et la jeune fille est une Pawnie de la peuplade voisine. Ces deux camps sont toujours en guerre; à cette heure encore ils
bataillent, me disait hier Mila, lorsqu'elle
vint se réfugier au pied de ma croix avec
son fiancé, par qui la chère enfant a sauvé,
en le délivrant de la mort la plus cruelle,
les germes de la religion chrétienne que
son bon cœur nous conservait. »

— « J'étais dans son wigwam, lui dis-je,

quand la guerre a éclaté. En ce moment tout est fini, et cette malheureuse race des Pawnies n'existe plus ; ils avaient élevé un bûcher pour brûler votre futur néophyte, et ce furent eux-mêmes qui se précipitèrent dans les flammes au pied de leur vieux chef, qui se faisait courageusement brûler, pour ne pas tomber ni mort ni vivant au pouvoir de ses ennemis.

« Mila ignore encore ces terribles nouvelles, je n'ai pas osé la voir pour les lui dire; mais vous, Monsieur, qui lui avez appris les supplices de son nouveau Maître et les résignations qu'il enseigne, dites-les lui, afin qu'elle aille recueillir les cendres de sa famille; dites-lui aussi, pour la consoler, que sa mère l'a aimée jusqu'au dernier moment, et que la colère et le dépit de n'avoir pu venger son mari par le supplice du captif que sa fille a fait évader, n'a pu étouffer en elle son amour maternel, et qu'elle a empêché sa grand-mère de la maudire. »

— « Pauvre Mila ! dit le missionnaire, elle qui les aimait tant, quelle fatale nouvelle à lui apprendre !... »

VI.

En ce moment, Mila passait se rendant à l'église. L'homme de Dieu l'appela et lui apprit devant moi, qui en avais été le dernier témoin, les malheurs de sa race.

Et la pauvre fille, en l'entendant parler, se tordait sous le poids de sa douleur; elle pleurait amèrement; elle s'accusait de n'être pas restée au wigwam pour assister sa famille, ses frères, ses Pawnies jusqu'au dernier moment : elle les aurait sauvés, disait-elle, du bûcher expiatoire où les avait portés leur fanatisme religieux.

—«Mon Dieu! répétait-elle souvent, les
« yeux remplis de larmes, je vous ai perdus,
« vous qui m'avez aimée; je vous ai aban-
« donnés dans la détresse ; je n'ai pas eu
« de cœur pour toi, ô ma mère! qui m'as par-
« donné, qui ne m'as pas maudite! qui n'a
« pas imploré sur ma tête la colère de ton
« Manitou. Mon Dieu! mon Dieu! que je
« suis coupable aussi envers vous, ô mon
« noble aïeul! qui aimiez tant à me voir à vos
« pieds et à donner tous les jours à votre

« Mila le baiser du matin! O vaillant père de
« mon père! vous aviez déjà senti pénétrer
« dans votre âme les premiers rayons de
« l'amour du Maître. Hélas! vous ne verrez
« plus Mila qui vous l'enseignait! » — Et la
malheureuse recommençait ses gémisse-
ments, qu'elle interrompait encore pour
parler à ses petits frères, à sa vieille grand-
mère qui l'avait maudite, et à tous ses Pawnies morts avec eux sur le bûcher.

Et quand elle eut ainsi longtemps pleuré
à genoux dans un coin de la hutte, où elle
sanglottait en se couvrant la tête de cendre
et sa douce figure de ses deux petites
mains, elle se releva courageusement sous
ses malheurs. Elle sortit de la case en nous
disant adieu, courut chez son fiancé, et l'en-
traîna, protégée par lui, chez ses frères
les Longs-Serpents, dans le camp de ses
pères.

VII.

En accourant au pillage du wigwam des
Pawnies, les Longs-Serpents n'avaient
trouvé que le bûcher encore fumant de

leurs ennemis, et les os de ces derniers affaissés sous la cendre. Ce contre-temps les avait exaspérés, et ne pouvant jouir des tortures qu'ils réservaient à leurs prisonniers, ils s'en étaient vengés en incendiant toutes les huttes du wigwam et la belle forêt des environs.

Et quand Mila arriva avec son fiancé, le camp des Pawnies ne présentait plus qu'un vaste amas de cendres, et quelques grands arbres résineux qui brûlaient encore tombés sur la neige.

VIII.

A l'aspect de ce tableau si désolant, les larmes de Mila recommencèrent à couler plus abondantes encore; elle ne voyait que des ruines partout où elle portait ses pas; à la place de ces cabanes où si souvent elle avait joué avec ses petites Pawnies, à la place de cette chère hutte qui l'avait abritée, où son grand-père avait vécu, où sa mère l'avait fait naître pour être témoin de ces malheurs, il n'y avait plus à cette heure, pour elle, que désolation et de nou-

veaux chagrins à essuyer ; et au lieu cher
où s'élevaient naguère, si beaux et si grands
dans les airs, ces majestueux sapins dont
elle aimait tant à écouter le mélancolique
tressaillement sous la brise du soir, elle ne
voyait plus, hélas ! que des troncs noircis
et fumant encore, brisés sur la neige. Elle
était bien malheureuse; et à mesure qu'elle
approchait sur le centre de la place où
elle pensait reconnaître les tristes restes
du bûcher, ses sanglots redoublaient, car
elle croyait voir à chaque instant se dres-
ser, terrible et menacante sur ces décombres, la grande ombre de sa grand-mère
pour la maudire. Son fiancé, triste et désolé, la soutenait.

Enfin ils s'avancèrent vers un vieux
tronc brûlé, virent à côté un monceau de
cendre que recouvraient plusieurs osse-
ments; ils les réunirent, les recueillirent
pieusement dans deux grandes calebasses,
et s'enfuirent ensuite de ces lieux lugubres.

IX.

Quand ils furent arrivés, ainsi chargés

des os de leur père, ils les inhumèrent sous
la chapelle. Le missionnaire leur donna
une sépulture chrétienne, et fit recouvrir
leur fosse d'une pierre plate, où il grava
ces mots en anglais :

DERNIÈRE FAMILLE DES PAWNIES.

ELLE COMPTAIT
DÉJA UNE FERVENTE CHRÉTIENNE ;
ELLE EUT SUIVI SON EXEMPLE,
SI LE FANATISME RELIGIEUX
NE L'EUT ENTRAINÉE SUR LE BUCHER
OU ELLE A PÉRI.

SES RESTES REPOSENT ICI.

1853, 1er MARS.

I.

Cependant la température devenait plus douce dans les montagnes, la neige disparaissait, et je repris ma route pour la Jouba.

Mes hôtes me virent partir avec regret: la petite Mila, surtout, me pressait de ses aimables instances ; elle, la chère enfant, qui ne comprenait pas encore tout ce que peut nous faire oublier la vanité et l'ambition des hommes, elle eût voulu me retenir; car elle avait en moi le souvenir vivant de tout ce qu'elle avait aimé.

Ce départ me fut également douloureux; mais je partis, et en trois jours de marche j'ai pu me rendre au milieu de vous, mes bons amis. Si vous allez sur la Plume, maître Charles, ne manquez pas de voir en passant le wigwam du missionnaire; parlez-lui de moi, de l'ami la Longue-Tête ; parlez aussi à la petite Mila : dites-leur que souvent je pense à eux, et que leur toit hospitalier me restera le souvenir le plus cher de ma vie de voyage.

—Je pars dans trois jours, dit Charles,

avec un Belge du côté de Spanis Reuch, pour aller à Richarbarr, où l'on va trouver encore, dit-on, des cailloux d'or dans les ruisseaux.

— C'est possible, ajouta Lebourg, mais moi je me contente de la simple poussière de la Jouba.

—Dans huit jours, fit Bill, nous partirons aussi du côté de la Fourche à Donesville; je conduis mes amis dans les bons endroits, et nous allons joliment rendre joyeux le cœur de mon bon maître.

— *Amen!* dit Naud. Et la veillée se termina.

FIN.

FRAGMENTS

DE MON VOYAGE

AUTOUR DU MONDE.

VOYAGE

EN

CALIFORNIE.

———

PREMIÈRE PARTIE.

LES ADIEUX DU DÉPART. —
PASSAGE AUX ANTILLES. — LE BAPTÊME SOUS LA LIGNE. —
TEMPÊTE. — ARRIVÉE A CHAGRES.

. . . .
. . . .
. . . .

II.

Depuis quinze jours déjà, le vaisseau qui m'emportait loin de la France cinglait à toutes voiles sur l'Océan.

Nous entrions dans les Antilles, vaste mer couverte d'îles qui ne sont que les hauts sommets de grandes montagnes, autrefois rattachées au continent du Nouveau-Monde et qu'aujourd'hui l'Océan a englouties.

Je me rappelle avec une douce jouissance combien fut grande mon admiration ce jour-là, lorsque le matin, en montant sur le pont, je vis notre beau navire ralenti dans sa course, se balançant mollement entre deux îles, la Martinique et la Domini-que, qui surgissaient subitement pour nous, splendides, du sein des eaux. C'était par une belle matinée d'été, pure et tiède comme il en fait toujours dans les climats chauds; le soleil se levait, et ses rayons éblouissants franchissaient déjà les sommets pointus de ces hautes îles, se répandaient dans leurs profondes vallées, à travers leurs ravins, et partout embrasaient leurs riches coteaux, où l'on voyait verdir d'un beau vert tendre leurs grands champs de café et de cannes à sucre. La *Revanche* alors passait; elle hissa son pavillon et salua, par sa douce cadence sur les flots, cette dernière

patrie (1) que nous allions aussi quitter.
Et nous contemplions avec ravissement les
hauteurs de ces grands monts, leurs cimes
gigantesques découpées en forme bizarre,
leurs vallons, leurs ravins, leurs collines, et
par-dessus tout cette féconde et verte nature, les lumières et les ombres qui l'en-
veloppaient, comme si elle se fût élégamment drapée sous un vaste manteau de
velours couleur d'azur. Nos regards avides
s'arrêtaient aussi sur de charmantes habi-
tations qui blanchissaient au-dessus des
vallées, et au-dessous, dans les bas-fonds,
sur de simples maisons, sur de pittoresques
cases habitées par les nègres. Ainsi qu'ap-
paraît, fraîche et riante, la rare oasis du
désert au voyageur de l'Arabie, qui n'a vu
jusque-là que des sables brûlants, ainsi
m'apparut, resplandissante de beauté, cette
terre si nouvelle pour nous, cette terre
azurée au milieu de l'Océan, où depuis
quinze jours nous ne voyions que l'immensité des eaux sous leur beau ciel bleu, et
n'entendions que le sourd et monotone cla-
potis des vagues sous les flancs du navire.

(1) Colonie française.

III.

Nous passions le tropique. Là, nos joyeux matelots, selon leur vieille coutume, nous soumirent à la burlesque cérémonie du baptême, qu'ils nous administrèrent après nous avoir, plus burlesquement encore, célébré un office en mémoire du dieu Tropique, que l'un d'eux personnifiait. Dès la veille de ce jour de fête, le plus âgé de l'équipage, gros homme court, trapu, à larges épaules, parut sur le haut du grand mât, tout enveloppé d'une longue barbe rouge que la brise faisait onduler autour de lui ; il tenait à sa main droite un sceptre et à sa gauche un porte-voix. C'était le dieu Tropique.—« Quel est ce navire qui passe? cria-t-il dans son cuivre sonore; qui ose entrer dans mon empire ? d'où venez-vous ? où allez-vous? »—Le capitaine, prévenu de cette demande qui lui tombait du haut des nues, répondit : « C'est la *Revanche*, elle vient de France (1) et se dirige à Chagres.»—« Combien porte-t-elle de passagers? » — « Cin-

(1) Du port du Hâvre, d'où nous sommes partis le 4 septembre 1850.

quante. » — « Ont-ils reçu le baptême, réponds? » — « Non. » — « Donne-moi la liste de tes hommes, afin que je les fasse purifier demain matin, avant de les laisser pénétrer dans mes États. » — Le capitaine expédia la liste demandée.

A la suite de cette première scène, il s'en passa une autre plus bouffonne encore, comme les matelots seuls en savent jouer. L'un d'entre eux, le plus jeune, pendant que tous s'ébahissaient devant le dieu Tropique, toujours perché sur son grand mât, se travestissait en ours, accourait sur le pont, sur la dunette, dans les chambres, partout dans l'entre-pont, occasionnait un grand tumulte à bord, effrayait tout le monde, tant il ressemblait bien au monstre dont il prenait l'allure, sous sa peau hérissée de longs poils et conservant intactes sa lourde tête et sa gueule peu rassurante d'où il poussait des hurlements. Il gambada beaucoup, brisa tout sur son passage, attaqua nos timides demoiselles, et rentra dans sa tanière après avoir porté un message au capitaine.

Cette soirée se termina par une abondante grêle de haricots blancs, que le dieu Tropique fit pleuvoir sur la tête des passagers, qui les prirent pour des dragées leur valant la fête baptismale du lendemain; à la vérité, nos passagères, plus délicates, en reçurent de véritables dans de petits cornets de papier bleu.

Le capitaine ne resta pas en retard de gracieuseté; il fit distribuer à son équipage une double ration d'eau-de-vie, et ordonna un grand banquet pour célébrer dignement, le jour suivant, le baptême dans toute sa pompe.

IV.

Dès le matin, la *Revanche* présentait toute l'allégresse d'un jour de réjouissance; ses mâts étaient ornés à leurs sommets des pavillons de tous les peuples, et au bout de ses vergues on voyait onduler, au gré du vent, de longues banderoles rouges; sur le pont était construit une spacieuse chapelle sous une tente en toile rayée, et l'on remarquait, dans son milieu, un énorme baquet d'eau où devait faire un plongeon l'heureux élu, après avoir reçu du prêtre matelot, en confesse, l'absolution nécessaire pour être baptisé; déjà ce dernier montait à l'autel pendant qu'un autre collègue de haute taille, jouant le rôle de gendarme et montrant bien, sous son allure colossale et rébarbative, toute la sévérité de ces bons hommes d'armes, réunissait les passagers, s'introduisait avec ses acolytes dans chaque cabine, forçait chacun à déguerpir, brandissait son grand sabre, et jurait par la loi qu'il ferait main basse sur les récalcitrants : il y en avait plusieurs, les préparatifs du baptême les avaient effrayés; ils se cachaient sous leurs cabines, dans leurs malles, dans des trous, partout où ils trouvaient; mais la force armée les en tira par les pieds, par les bras, tout en leur lançant de grands seaux d'eau qu'ils recevaient sans proférer de plaintes.

VI.

Quand le peuple fut réuni dans la chapelle, quand la police fut faite, on vit alors sortir de dessous la tente en toile rayée, une longue procession d'hommes et de femmes d'où partaient dans les airs des chants très-bien conduits, simulant parfaitement le divin *Te Deum*.

A la tête du cortége s'avançait lentement l'imposant dieu Tropique s'appuyant sur son sceptre; plusieurs diablotins noircis de suie et de charbon le précédaient : ils portaient sur leurs têtes noires et crépues de hauts bonnets à cornes, de longues queues par derrière, et faisaient retentir le pont du bruit étourdissant de plusieurs paquets de chaînes qu'ils traînaient après eux. A la suite venaient les hommes d'armes, puis l'officiant vêtu d'une toge blanche sous laquelle traînait en queue une longue robe rouge; son nez était pincé par les larges verres ronds d'une grosse paire de lunettes, et entre ses mains était ouvert un volumineux missel, sur lequel il psalmodiait de sa voix rauque et nasillarde. Enfin le cortége était suivi par un perruquier de la Gascogne, armé d'un long rasoir pour tonsurer les néophytes; à ses côtés, marchaient en clopi-

nant deux petits savoyards, sur le dos des-
quels pendait en bandoulière une caisse
à cirage, pour noircir les chaussures des
postulants. Mais il y avait surtout, dans
cette bouffonnerie, le joyeux porteur de la
cassette, pour le remplissage de laquelle
s'exécutaient si bien toutes ces singeries.

Quand la procession eut par deux fois
tourné le bâtiment, quand elle l'eut bien
aspergé et que les fidèles eurent repris
leur place chacun dans l'enceinte, le bar-
bier et les savoyards opérèrent à la porte;
l'officiant confessa, et tous vinrent l'un après
l'autre pour être baptisés, s'asseoir sur une
planche appuyée légèrement sur les deux
bords du baquet d'eau ; et tandis que le
sacrificateur versait l'eau purifiante sur la
tête de l'élu, les lutins cachés derrière la
tonne retiraient malignement, subitement
à eux la planchette qui soutenait le néophyte sur l'eau, et ce dernier, manquant dès
lors de point d'appui, plongeait lourdement
dans le fond de la piscine, en excitant la
risée générale; puis venait le tour d'un autre.
On n'épargnait personne, à l'exception tou-

tefois des dames, à qui le courtois maître des cérémonies se contentait de soulever le bras en l'air, en versant dans l'ouverture de la manche un grand verre d'eau qui, se précipitant par ce soyeux conduit, venait glacer le doux sein de la jeune fille, et lui faire pousser un petit cri d'effroi.

VII.

Le reste de la journée ne fut qu'un continuel baptême, même durant le festin; et après, on ne voyait sur le pont que des douches de seaux d'eau; on se poursuivait, on s'en lançait à la figure, et au moment où l'on s'y attendait le moins, on recevait sur la tête de lourdes ondées tombant du haut des hunes (1).

Nos aimables passagères se prêtèrent assez gracieusement à ces sortes de jeux ; une seule exceptée, qui eut à se plaindre d'une trop forte douche baptismale que lui infusa de dessus la mâture le jaloux Henri, pour se venger de ses refus, occasionna une dispute à bord qui, devant se vider par un

(1) Plates-formes étagées sur chaque mât.

duel à Chagres, se termina tout naturellement, quelques jours après, par une bonne
et copieuse libation de champagne.

VIII.

En quittant ces parages, de forts grains
s'amoncelaient dans le sud, le temps devenait sombre, le baromètre était subitement tombé, un grand orage se préparait.

« Les nouveaux baptisés, disaient les matelots, n'ont pas tous accusé leurs péchés avec
franchise en confession: le dieu Tropique en
est furieux, et déjà, indiquaient-ils du doigt
en montrant l'horizon noir, il fait entendre
sa colère par de sourds roulements de tonnerre dans le lointain.—Il n'y a pas à plai-
santer, répondaient les passagers inquiets,
allant, courant, demandant partout aux
marins, qui se plaisaient à rire de leur ti-
midité: Sera-ce dangereux? en aurons-nous
pour longtemps?—et plusieurs autres ques-
tions banales que la peur faisait faire. »

Déjà le capitaine endossait son long pa-
letot de toile cirée, et remplaçait son feutre
par un surois imperméable; déjà il faisait

carguer (1) les cacatois (2), dégager les amarres (3) et parer (4) les manœuvres ; à chaque commandement on voyait les craintifs passagers s'inquiéter de nouveau, quelques-uns mêmes tremblaient au fond de leurs cabines ; le père François surtout, l'un d'eux, très-peu dévot de sa nature, commençait à invoquer son Dieu, et n'osait plus sortir de l'entre-pont.

Cependant la mer devenait grosse, furieuse, et les vents, sifflant dans les cordages, faisaient ployer les mâts; toute la mâture craquait de tous côtés, et plusieurs voiles trop gonflées par la brise crevèrent sous la pesanteur du vent, qui les dispersa. Nous avions vent arrière, et l'avant du navire plongeant à chaque instant dans un gouffre profond que creusaient devant lui les vagues, se relevait en soulevant des lames d'eau effrayantes qui submergeaient le pont ; alors le capitaine fit prendre deux riz (5)

(1) Ployer.

(2) Les plus hautes voiles.

(3) Les cordes des voiles en manœuvre sont appelées amarres dans *la lisse,* endroit du vaisseau où on les attache après les cabillots (chevilles).

(4) Les préparer.

(5) Diminution de toile.

au petit hunier (1), l'une des grandes voiles du mât de misaine : aussitôt tous les marins furent en mouvement; les uns l'amenèrent pour la détendre, et les autres, grimpant à la hâte par les échelles de cordages sur ses marche-pieds, s'appuyaient contre sa vergue (2), et, se baissant, relevaient dans un grand pli la toile détendue, pour attacher ensuite l'un contre l'autre les deux rangs de garcettes (3) qui la parsèment, et diminuer par ce moyen, avec son ampleur, la trop grande force du vent. Pendant cette longue opération, toujours reprise et toujours empêchée par les battements de la toile devenue libre, dans les plis de laquelle s'engouffrait la brise, les malheureux marins étaient ballottés sur leur marche-pied par le violent roulis, et inondés par une pluie battante que fouettait à leur figure la tempête déchaînée.

(1) La deuxième voile du premier mât, dit de misaine, à l'avant du navire.

(2) Grande pièce de bois établie en croix contre le mât; elle est mouvante et supporte la voile, que l'on descend ou monte à volonté.

(3) Tresses servant à lier ensemble les plis de la toile.

Le navire faisait d'épouvantables sauts qui brisaient tout dans l'entre-pont, et descendait dans d'immenses précipices que l'on croyait à tous moments être sa tombe. Parfois la *Revanche* était entièrement perdue dans le gouffre que lui creusait en entonnoir le tourbillon mugissant autour d'elle; et au-dessus de nous, de rapides éclairs sillonnaient l'épais nuage qui nous masquait le jour, et le tonnerre tonnait des coups affreux de minute en minute.

Un riz au grand-hunier (1)! cria le capitaine, et l'on renouvela la même manœuvre. Vite, vite, sacrée canaille, faetchien! hurlait le maître. On en prit un second, puis un troisième; on diminua aussi la grand'voile, (2) on cargua la perruche (3), on serra la brigantine (4), et il ne resta bientôt plus que les focs (5) de beaupré pour soutenir le navire sur l'eau.

(1) Deuxième voile du grand mât (celui du milieu).
(2) Première voile basse du grand mât.
(3) Voile du milieu du mât d'artimon.
(4) Voile en flèche mouvante autour du mât d'artimon.
(5) Petites voiles triangulaires adhérentes à un mât qui se projette comme un dard en avant du navire.

IX.

La *Revanche* fut forcée de ralentir sa course au fond des hautes montagnes de vagues qui s'amoncelaient, s'amoncelaient autour d'elle ; mais ses sauts prodigieux, mais ce long et lugubre sifflement des vents dans la mâture dégarnie, mais ce roulis qu'augmentait encore le stationnement du navire, étaient épouvantables. Personne ne tenait debout, tout roulait sur le pont, et les pauvres matelots obligés de rester à leur poste à la manœuvre, tombaient à chaque instant en courant au commandement des officiers. La tourmente dura deux jours, et ne s'apaisa que le matin de la troisième journée. Le sud alors se dégagea, les nuages chassèrent au nord, les éclairs diminuèrent; le tonnerre n'épouvantait plus personne et la mer se calmait.

Je montai sur la dunette (1), et vins m'asseoir sur un banc amarré à babord (2),

____

(1) Le pont le plus élevé du navire, celui qui couvre la chambre.

(2) Côté gauche du navire à partir de la poupe.

me retenant bien à un cordage tendu pour pouvoir librement jouir, de ce point élevé, du dernier effet de la rafale.

Derrière moi se promenait l'officier de quart (1) que le roulis faisait chanceler; les matelots stationnaient à leur poste, et la cloche continuait de tinter un son lugubre.

X.

La mer était encore très-haute ; parfois le vaisseau était lancé aux nues par une montagne de vagues qui s'élevait jusqu'au ciel pour s'affaisser ensuite, et l'on voyait la légère embarcation légèrement glisser dans les profondeurs sans fond de l'Océan, puis la montagne liquide se soulevait lourdement de nouveau, pour redescendre ensuite et remonter encore, emportant toujours avec elle la nacelle triomphante.

C'était beau, c'était imposant à voir, à admirer, cette immensité de montagnes en mouvement, sans cesse s'affaissant et toujours reparaissant plus gigantesques autour de nous.

(1) De garde.

Je restai là, cloué à mon banc, des heures entières à contempler.

XI.

Le tonnerre fit entendre un dernier craquement dans les airs, les nuages se fendirent, le soleil parut; et l'officier, annonçant le beau temps, fit distribuer une bonne ration d'eau-de-vie à l'équipage joyeux.

Une heure après, le soleil devenu pur ramenait le calme après la tempête, et la mer, le jour suivant, devint lisse et unie comme une belle glace.

En ce moment on admirait encore cette belle plaine sans fin, cette surface sans limite, liquide et transparente, faisant un dernier mouvement et se soulevant, longue, lourde et immense, dans le lointain, par un dernier effort de l'orage apaisé.

XII.

Quelques jours encore, et nous étions à Chagres, d'où nous devions remonter le fleuve pour passer l'isthme de Panama. La traversée était assez agréable, autant que peut l'être une vie aussi monotone que celle du bord. La facile et dangereuse pêche aux requins (1), que nous nous plaisions tant à torturer, quand nous avions pendu ces horribles monstres sous la lisse de la dunette, à portée des poignards, et que nous n'avions plus à redouter leurs terribles coups de gueule ; celle aux marsouins (2), qu'il me peinait tant de voir souffrir sous le couteau qui les saignait ; les conversations politiques, au milieu desquelles se distinguait toujours la voix rauque du père François, vieil entêté jacobin, et les chants très-libres de nos gais matelots, animaient seuls cette existence qui, sans cela, eût été si triste, étant si régulière et si oisive.

XIII.

A la chambre, la vie était plus supportable. D'abord, il y avait bonne table, bons vins ; et après, le café et la bière faisaient passer les journées plus gaies et plus vite écoulées. La société aussi était choisie ; et

(1—2) La description des pêches aux requins et aux marsouins, se trouve à la 4ᵉ partie de mon manuscrit.

parmi ces joyeux convives existait, dans la joie la plus bruyante, un essaim de jeunes filles toutes très-aimables, qui leur rendaient encore la vie bonne et heureuse. Aussi ces privilégiés, finit-on par le croire, dédaignaient les pauvres habitants de l'entre-pont. Il est vrai que la compagnie de ces derniers était peu attrayante ; la plupart étaient de simples paysans jouant aux cartes le jour entier, d'autres apprenant à lire, ceux-ci discutant politique, ceux-là philosophie, tous cherchant à tuer le temps. Ces jeux-là étaient beaucoup trop sérieux et innocents pour ces messieurs, qui, du reste, maintinrent entre eux et nous, dès les premiers jours du voyage, la grande démarcation voulue par le bon genre (1) ; et si parfois ces seigneurs descendaient à l'entre-pont, c'était pour profiter de nos pêches aux dorades, que nous harponnaient avec tant de dextérité nos habiles matelots.

Il est bon de dire aussi qu'à l'entrepont vivait un mauvais drôle, qui ne se servait

____

(1) Il n'y a que les gens très-sots qui fassent ainsi les grands seigneurs.

jamais à leur adresse que des mots mal-
séants. Il insultait sans cesse Madame la
comtesse ***, qui venait pieusement tous
les jours visiter, dans sa cabine, la mère
Moral, atteinte du mal de mer; il tradui-
sait légèrement ses démarches en visites de
protection. Un soir même qu'elle prenait
un bain sur le pont, dans une longue tonne
coupée, par ses ordres, en forme de bai-
gnoire, le malin Chapuys criait très-haut
pour qu'elle l'entendît : Place! place à Madame la comtesse du Baril (1), qui descend
prendre son bain! Tout cela n'était pas fait
pour rétablir des rapports de bon voisi-
nage.

Ces messieurs de la chambre, au surplus,
eussent-ils été meilleurs et plus communi-
catifs, ils irritaient sans cesse l'entrepont
par leurs mœurs trop libres et même libi-
dineuses ; ils donnaient souvent lieu à de
mauvais cancans qui semaient le scandale..

. . . .

Mon Dieu! les hommes sont ainsi faits :

____

(1) La comtesse du Bary, maîtresse de Louis XV.

nous eussions eu comme eux une vie aussi
facile, nous l'eussions parfaitement accep-
tée sans nous plaindre ; mais parce que
nous étions privés de toutes les jouissances
dont ils regorgeaient, que nous étions ac-
cablés d'ennuis, et surtout obligés de vivre
pauvrement de biscuit et de salaisons devant le luxe de leur table, plusieurs de l'entre-pont se rongeaient de dépit et criaient
au privilége. Ils nous rendaient par ce moyen
nos jours désagréables. Pour se venger, les
sots, ils insultaient Mlle Marie, qui, tous
les soirs, venait recevoir dans la cha-
loupe des douches d'eau bienfaisantes, que
lui infusait sur la tête son bel Henri, à la
vue de tout le monde ; ils outrageaient la
comtesse, parce qu'elle prenait ses bains
dans un baril ; ils narguaient Mlle Henriot,
parce qu'elle était trop modeste, et que
néanmoins elle préférait, pour dormir le
soir, la dunette en plein air à sa cabine plus
respectable. Il n'y avait pas jusqu'à cette
bonne dame Binau qu'ils ne tournassent en
ridicule, parce qu'elle avait les yeux trop
langoureux ; et bien certainement ils eussent

glosé sur la mère Moral, si elle n'eût été
notre vieille matrone. Je veux bien qu'à la
chambre il y eût des passagers recomman-
dables; mais il y en avait aussi de bien
peu méritants : on les voyait à chaque instant violer les lois les plus saintes de la
nature, celles du cœur notamment ; celles
de la sensibilité, que le peuple (1) rarement
laisse impunies, ils n'en faisaient qu'un jeu :
leur plus grand amusement, pour varier
leurs plaisirs, consistait à faire souffrir les
oiseaux de mer, quand, fatigués dans leurs
courses lointaines et attirés par la faim,
ces pauvres petits s'abattaient sur le pont
pour becqueter nos miettes. Un jour le bel
Henri, qui se disait empailleur, en suspendit
un par la patte au bout d'une vergue, prétendant qu'en le laissant ainsi mourir à petit
feu, il l'aurait plus intact pour le conserver;
et pendant tout le temps que dura la pen-
daison, ses amis prenaient plaisir à ce
spectacle aussi absurde que méchant, en

(1) Le peuple seul, en général, se récrie contre l'injus-
tice, parce qu'il est le plus raproché de la nature.

pariant sur la durée de la vie et les souffrances de la victime....

Cet attentat me fit mal, je voulus à tout prix rendre la vie et la liberté à ce malheureux pendu, dont le long bec bâillant s'entrouvrait péniblement par saccades au-dessus de nos têtes, et semblait nous supplier : « Va, dis-je au petit mousse, monte sur cette vergue, délie la patte de cet oiseau, réchauffe-le dans ton sein, et laisse-lui prendre son vol dans les airs, il y aura cinq francs pour toi. » Il le fit, et Henri, qui avait outre-passé les bornes de la licence, n'osa pas m'attaquer.

XIV.

Nous n'étions pas loin de terre, nous en étions en vue ; mais le second (1) ne reconnut pas, dans la direction indiquée par le capitaine, le petit village de Chagres où déjà il avait débarqué ; on s'était trompé de longitude. Un navire heureusement rencontré, venant de Carthagène, nous en donna les hauteurs, le point, la position, et nous

(1) Le maître après le capitaine.

remit sur notre route : nous avions dépassé Chagres de cinquante lieues allant plus au nord.

Le capitaine était plein de dépit ; il voulait faire passer ce contre-temps sur les courants (1) de terre ; mais il n'y parvint pas : son amour-propre eut à souffrir de son inexpérience. On causait de cette mésaventure, chacun disait la sienne ; quelques-uns mêmes, les plus hardis, prétendaient que le galant capitaine n'avait vu dans son sectan (2) que les beaux yeux de mademoiselle Anna.

Cependant nous avions viré (3) de bord; et cette fois la *Revanche*, bien dirigée sur Chagres, cinglait à toutes voiles vers la terre tant désirée.

Le matin du deux novembre 1850, la vigie nous la signala, et le soir nous étions

(1) A l'approche des côtes, de grands courants repoussent les navires au large, si la brise n'est pas assez nourrie pour les dominer.

(2) Instrument d'optique sous la lunette duquel est un cercle polaire, sur lequel la distance observée du soleil marque les degrés terrestres, et par suite la position du globe où l'on se trouve.

(3) Tourné la poupe au sud.

en vue du port, à une lieue de la rade, que les écueils ne nous permirent pas d'accoster plus près pour avoir un meilleur mouillage (1).

Les ancres déjà parées sur le gaillard d'avant, furent détachées au commandement du capitaine; le matelot les poussa dehors, et développant subitement, par un grincement d'enfer à travers leurs soupapes (2), leurs longues chaînes étalées sur le pont, elles tombèrent dans la mer pour s'y fixer.

La *Revanche* s'arrêta, et ses voiles furent serrées.

XV.

Et nous nous primes à contempler la terre du Nouveau-Monde, cette belle Amérique que nous avions aimée avant de l'avoir connue, cette terre de délices, cette terre de liberté où tant de fois s'étaient reportés nos regards et nos pensées d'amour ; elle était là, à cette heure, sous nos yeux, surgissant tout-à-coup belle et grande du sein des eaux;

(1) Endroit ou le vaisseau s'arrête.

(2) Ouvertures à l'avant de la poupe d'où filent les chaînes des ancres.

et nous pouvions à notre aise admirer sa nature si féconde, ses montagnes et ses grandes côtes, ses hautes forêts vierges et son beau climat sous son beau ciel d'azur: nous étions ravis, nous étions heureux.

Puis nos regards avides s'arrêtaient sur le village de Chagres, que nous voyions blanchir dans le fond d'une petite rade, à l'embouchure d'un fleuve qui descend des hautes montagnes à pic de l'intérieur de l'Isthme. Sa rade est encaissée dans les flancs d'une longue chaîne de côtes qui longent les rivages de la mer, et l'on voit s'en détacher une petite colline qui, se projetant dans les eaux en la contournant, simule un grand bras qui la ceint pour la protéger.

Cette basse côte supporte à son extrémité dominant la baie, une vieille citadelle en ruine.

Nous n'avions jamais assez promené nos regards sur cette terre si nouvelle pour nous, d'où nous aspirions avec joie la douce brise venant du ciel, plus pure et embaumée ; et du haut des bastingages du navire où nous étions assis, nous errions longtemps encore par la pensée à travers ses grands bois quand la nuit fut venue.

Notre curiosité cherchait même à pénétrer dans les primitives cases de cette bourgade, où commençaient à flamber les premiers feux du soir. Bientôt tout le village fut illuminé et une large ceinture de lumière se fit autour de la rade, en se mirant dans l'eau comme une belle couronne d'étoiles brillant dans un ciel pur.

Toute la nuit, la *Revanche* nous balança sur ses deux ancres ; et le lendemain nous quittions cette dernière patrie, qui nous rattachait encore à la France, à nos souvenirs.....

XVI.

Ce jour-là, la mer était mauvaise et guère tenable pour arriver au port. Cependant nous avions hâte de fouler enfin la terre promise, de gravir ses grands monts, de courir dans ses vieilles forêts si nouvelles pour nous, et de nous délecter aussi de ses fruits si vantés. Nous ne prévoyions aucun danger; les chaloupes des indigènes nous débarquèrent.

Dès le matin, la rade en était sillonnée; elles s'efforçaient de nous atteindre, se dépassant mutuellement entre elles et accourant demander nos pratiques. Et nous prenions plaisir à voir cette lutte de vitesse, cette joute sur l'eau, et le curieux effet qu'allaient produire sur nos esprits les habitants du Nouveau-Monde. Mais quand ils furent arrivés, tous réunis, stationnant en cercle autour du bâtiment, nous appelant de leurs voix douces et caressantes, nous engageant chacun à descendre dans leurs chaloupes, en mettant leur service à l'enchère, le facétieux Chapuys fit subitement entendre de nos groupes cette exclamation maligne, en regardant tout ébahi : « Tiens ! tiens ! ce sont des hommes comme nous ! »

XVII.

J'étais sur le premier canot ; il fit de prodigieux efforts pour éviter le rocher de la forteresse de Chagres, roche redoutable et menaçante, où nous jetaient les vagues jallissantes contre elle. Nous saisîmes tous la rame, et à force de lutter, nous parvinmes enfin à doubler ce cap avancé: encore un coup de rames et nous étions sauvés ; mais l'embarcation qui nous suivait fut moins heureuse, elle batailla longtemps, longtemps contre les flots : ses élans furent vains, et la lame devenue furieuse la lança contre le roc, qui la brisa. Les cinq passagers qui la montaient furent engloutis; les flots en rendirent quatre sains et saufs au rivage, mais le cinquième ne revint pas : c'était le père François, ce politique forcéné, ce jacobin qui nous avait tant amusés à bord par ses doctrines outrées,—outrées, c'est vrai (1), mais néamoins très justes..... Tout le monde le regretta, et son chien, son grand chien noir resta longtemps sur le rocher au bas duquel son maître avait péri. Tout le jour il hurla, et la nuit ce brave ami poussait encore de lugubres hurlements sur la roche sinistre. Le lendemain, un Américain l'y enleva; et moi, quatre mois ensuite,

(1) Impraticables et absurdes dans nos vieilles sociétés, où les hommes ne sont plus ce que Dieu les a faits.

4 *

en passant sur les rives de la Jouba, en Californie, je retrouvai ce pauvre François, ainsi nommé en souvenir de son maître. Il me fit maintes et maintes caresses, et se serait attaché à l'hôte de la *Revanche*, si son nouveau possesseur ne l'eût retenu prisonnier sous sa tente (1).

En vérité, on est frappé d'étonnement quand on considère cette fidélité du chien, cet attachement pour son maître, attachement rare et sans exemple, attachement qui dure au-delà de la tombe. . . . ; mais on est bien plus étonné encore quand on pense que de tous les êtres de la nature, l'homme seul est ingrat. . . . l'homme seul est méchant . . . .

. . . .

XVIII

Chagres, ainsi qu'on l'a vu, est situé sur les bords d'un fleuve, au fond d'une rade qui s'enfonce dans les flancs d'une haute chaîne de montagnes couvertes jusqu'à leurs cimes de forêts imposantes; et sur ses rivages, tantôt escarpés, tantôt unis, on

(1) 5ᵉ Partie de mon manuscrit.

voit : ici un écueil à fleur d'eau, où la vague de la mer écume et bouillonne; là, une grande roche noircie par le temps, contre laquelle viennent se briser en mugissant les flots écumants; plus loin, c'est un banc de sable blanc, d'où surgissent d'élégants groupes de cocotiers aux longues tiges sans branches. Partout, sur cette belle plage de loreau, la vue s'arrête sur des sites riants et sauvages à la fois.

Mais quand on entre dans sa rade, quand on a mis le pied sur cette terre, derrière son port, on a de la répugnace à voir, au bas de ces attrayantes montagnes, d'immenses marais infects où s'élèvent, en grande partie sur pilotis, les primitives cabanes de ce village. Ces grands marais, sur lesquels vivent ainsi les naturels, sont le repaire de reptiles immondes que l'on rencontre à chaque pas cachés sous la vase ; on y voit entre autres le hideux caïman (1), blotti au soleil sous une large feuille, se tenant tout prêt à happer le malheureux qu'un faux pas, entre les bois disjoints qui

(1) Petit crocodile.

tapissent ces sales rues, ferait choir dans ces lieux peu sûrs.

Ce pays est malsain, et tous les étrangers qui y séjournent sont bientôt atteints de la fièvre jaune, maladie toujours mortelle.

A la vérité, les Américains, qui abondent dans ce pays devenu riche par son commerce depuis les fréquents passages des émigrans californiens, ont, pour se garantir un peu des maladies, bâti un autre petit bourg sur la rive opposée du fleuve, dans un terrain ferme qu'ils ont assaini; de cette manière, l'étranger peut encore y vivre.

Mais si le village des indigènes est le moins confortable, il offre à l'admirateur de la nature bien certainement le plus d'attraits. Dès qu'on entre dans son port, on voit ses jolies cases rondes bâties en chaume, bordant ses rues mouvantes et alignées sur cette plaine marécageuse; et au pied de la côte qui s'avance dans la mer en contournant la rade, la vue se repose plus agréablement sur un large mamelon d'où

surgissent de longs cocotiers sans branches, dont les sommets, mélancoliquement
penchés et terminés en parasols, abritent
des cases indiennes.

C'est là qu'en débouchant dans la baie
avec nos chaloupes, se portèrent nos premiers regards sur un groupe d'Indiens et
de nègres, qui accouraient sur le rivage pour
nous contempler et nous offrir, à nous, leur
pittoresque aspect sous leurs grands corps
noirs ou cuivrés, couverts d'une demi-
juppe blanche tombant de la ceinture. C'est
là aussi qu'en accostant ce port, où les
chaloupes s'amarrent à des troncs d'arbres,
mais préferé par nous à son rival plus
orgueilleux, nous entendîmes s'élever de
la rade les premiers cris d'alarme de
l'embarcation qui nous suivait, et peu
d'instants après, notre pauvre ami François périssait au fond des eaux.

XIX.

Nous passâmes la journée parmi ces
chaumes indiens, construits en bambous
et garnis de longues herbes, entrant dans

chacun d'eux, où nous appelaient leurs simples habitants pour nous offrir des présents sincères en fruits et en tabac. Mais, hélas ! nous apprenions de quelques-uns, déjà gâtés par la civilisation, les progrès effrayants que fait chez eux l'amour effréné de l'or , amour sale et impur qui détruit tout dans le cœur de l'homme, et n'y laisse que des sentiments honteux qu'il faut cependant avouer être le produit de nos belles civilisations d'Europe!

Puis nous allions errer dans les forêts séculaires, sous leurs arbres antiques, sous leurs dômes imposants, nous arrêtant à chaque instant devant ces grands monuments de la nature, montant sur les montagnes où le bruit des hommes n'est pas encore venu, et débouchant sur leur cimes élevées, pour contempler la mer et écouter, au milieu du silence prolongé des bois, le sublime mugissement des flots. Pendant ces excursions, nous faisions d'amples provisions d'oranges, qu'à chaque pas nous trouvions pendantes jusqu'à terre sous leurs branches trop chargées; nous coupions, également en vue de la traversée, des régimes de bananes (1) sur leurs beaux arbustes, et cueillons aussi, au milieu de ses longues feuilles parsemées d'épines, le bel ananas (1), dont les alvéoles intérieures contiennent un miel plus doux que celui de l'hymète mélangé au goût savoureux d'une liqueur acide.

Quand nous eûmes bien couru dans ces grands bois, sur ces vieux monts et sous leur sombre voûte; quand nous eûmes visité le fort couvert de lierre, où l'on voit tout écrite l'histoire de nos vieux âges; quand nous eûmes parcouru les rues bourbeuses du bourg, que l'on traverse sur des troncs d'arbres; que nous eûmes bien vu, bien tout examiné et que la journée fut close, nous rentrâmes dans notre possada (3) espagnole, où nous attendait un bon souper.

(1) Longue grappe d'où pendent par centaines de beaux fruits plus doux que la meilleure des poires de nos jardins, et ressemblant, par leur forme, à la grappe du maïs. Cet arbuste est annuel comme la plante du maïs, à laquelle il ressemble sauf la beauté et la hauteur.

(1) Énorme fruit simulant la fraise de nos jardins; il vient sur une plante grasse qui ressemble au cactus.

(3) Grosse auberge.

Nous eûmes, ce soir-là, l'avantage de recevoir à notre table la visite empressée d'un
passager de chambre, que nous valait probablement un motif d'intérét ; mais le
malheureux n'eut pas de chance : il se fit
jeter à la porte de la possada, à la suite
d'un manque d'égard envers la jeune Indienne de l'Espagnol, notre hôte.

Notre nuit fut mauvaise; nous ne pouvions dormir sur nos nattes de joncs, où les
moustics nous dévoraient.

Et pendant nos insomnies, nous voyions,
à travers les ais mal joints de la porte, de
longues flammèches sautiller sur les marais;
et d'autres gaz inflammables provenant de
miasmes malfaisants, sillonnaient les airs
comme des flèches de feu.

DEUXIÈME PARTIE.

PASSAGE DE L'ISTHME DE PANAMA.— LA GOURGONE.—
MŒURS DE CES POPULATIONS. — PANAMA.

I.

Le lendemain nous affrétions deux chaloupes pour partir ; elles étaient longues,
profondes et assez spacieuses, sous leurs formes antiques, pour transporter les dix passagers composant notre caravane ; mais
nous ne parvînmes que très-tard à quitter
le port, ne pouvant décider nos nègres les
rameurs à abandonner leurs chères bou-
teilles, qu'ils avaient toujours soin de rem-
placer une fois vides par de nouvelles.
« Encore cette dernière, bons maîtres, di-
« saient-ils quand nous venions les cher-
« chers à la taverne ; encore cette dernière,
« le métier est dur, beaucoup dur, bons
« maîtres : nous ramerons avec plus de
« cœur ». Et il fallait de nouveau les laisser
boire ; il burent tant que nous fûmes obligés
de recourir à leur chef, notre hôte, qui les

menaça du fouet pour les faire déguerpir ; il échangea plusieurs d'entre eux qui ne tenaient plus sur leurs jambes, et à deux heures seulement, l'une de nos chaloupes quittait le port. Ses nageurs s'abattirent sur leurs rames, elle fila sur l'onde, et bientôt nous la vîmes disparaître derrière la forêt, au tournant du fleuve où il fait un coude avec la rade.

Une heure après, notre hôte nous amenait après lui quatre nouveaux rameurs; l'un d'eux, petit homme noir, déjà vieux, pouvait à peine marcher : nous refusâmes de le recevoir à bord, il ne demandait pas mieux. Mais bientôt une vieille négresse, sa femme, grande, osseuse et mégère, vêtue d'une simple juppe blanche sur son corps noir et ridé, parut menaçante sur le rivage, nous ramenant son homme qu'elle poussait devant elle, en le stimulant à coup de poings dans les épaules. Elle prétendit nous l'imposer ; mais l'Espagnol recourut à l'alcade (1); il nous rendit justice, et l'ivrogne put de nouveau s'esquiver au cabaret.

(1) Le juge.

Sa grande femme, à la figure hideuse sous sa vilaine tête crépue, criait toujours contre nous, contre tous, faisait de gros jurons, et nous menaçait de la vengeance des noirs en étendant sur la rade, que nous nous hâtions de quitter, sa longue main noire et décharnée pour nous maudire.

II.

Notre jolie barque, légère et gracieuse, qu'un doux souvenir me faisait appeler la *Joséphine*, glissait rapidement sur les eaux du fleuve en remontant son cours paisible, qui tantôt se dirige en droite ligne au milieu de la forêt impénétrable de l'Isthme, tantôt s'enfonce en sinuosités sous les sombres arbres qui pendent sur ses rives.

Nos nègres faisaient force de rames, sinon pour atteindre notre première chaloupe qui devait lentement nager et nous attendre, du moins pour arriver avant la grande nuit à la première station.

Nous avions quatre noirs, tous jeunes, vigoureux et beaux ; l'un d'eux surtout, le pilote, assis au gouvernail, était d'une rare beauté. Sous sa couleur d'un noir d'ébène, se montrait une corpulence virile qui rendait admirables ses contours bien arrondis; sa taille était encore celle d'un enfant ; mais sur ses bras jeunes et nus, on voyait, se précipitant du cœur dans des veines gonflées, les abondants ruisseaux d'un sang vif et généreux; et sur son beau front qu'il relevait haut et fier, rayonnait tout l'éclat d'une intelligence nouvellement reconquise. Certes, en remarquant tant de jeunesse, de force et de beauté sur tous ses traits, on n'eût jamais pu dire que cet être redevenu homme appartenait à cette pauvre classe abâtardie des nègres, qui ne pensaient naguère et n'agissaient que sous le fouet d'un maître. Relevant enfin la tête depuis l'affranchissement, cet enfant était venu chercher fortune à Chagres, de la Martinique sa patrie, où il envoyait, nous disait-il, tous les mois cinq piastres à sa vieille mère.

Depuis leur mémorable année de 1848, il faisait sur la rivière du Chagres le métier de pilote; et déjà son courage, sa conduite régulière et sa persévérance lui avaient valu une petite fortune bien placée à Panama (1). Il nous intéressait par ses racontances toujours naïves, nous parlait de sa race, de ses amis et des planteurs leurs anciens maîtres. Mais la France surtout l'occupait davantage, et il aimait lui témoigner sa vive reconnaissance, à cette autre patrie qui est aussi la leur ; il en parlait avec amour, et notamment de son chef illustre de cette époque, qui ne sembla se servir du triomphe de la république que pour le besoin de cette classe infortunée des noirs, jusque là si maltraitée : il le vénérait, ce brave enfant. « Ah ! nous disait-il, signors, si je pouvais le voir et lui dire « combien nous l'aimons tous, à l'égal, voyez-vous (en nous montrant le ciel), à l'égal de « celui qui est le maître de tous les maîtres ! » Et je me plaisais à l'écouter et à exciter en lui cet enthousiasme pour ce grand homme que tous les hommes admirent.

(1) Si les hommes bouleversent les lois de la Providence, Dieu permet toujours, pour les guider, que de grandes intelligences, unies à de grands cœurs, se conservent parmi eux, même sous le bâton qui les a si longtemps conduits ; alors le génie de ceux-là est d'une fécondité rare.

Je contais encore à l'enfant l'histoire de Lamartine, son idole, quand notre barque accostait à la nuit le village indien, et s'accrochait à la chaloupe amie amarrée au rivage.

III.

Ils nous attendaient sur le haut de la rive en cet endroit très-escarpé, et agitaient, pour nous guider, de longues torches résineuses aperçues de loin flambant dans la nuit noire.

Nous montâmes près d'eux par un escalier tournant creusé dans la terre, et nous entrâmes, tous réunis, dans une grande possada où l'hôte nous installa.

C'est un vaste toit en chaume construit dans la forêt, sur le bord de l'eau et sous un groupe de cocotiers qui lui servent de colonnes. Son intérieur, à la fois rustique et élégant, est d'une propreté exquise; on y voyait, appendue et brillant sur un fond blanc, la batterie jaune de la cuisine, et tout autour, sous ce large toit rond, gisaient sur le sol de hautes couches de nattes sous de blanches moustiquaires en gaze. Nous y reposâmes bien, sans nous sentir dévorer pas cette innombrable quantité de petites mouches qui, la nuit précédente, nous piquèrent jusqu'au sang.

Dès le jour nous étions sur pied, visitant les jolies rives du fleuve et les beaux ombrages qui s'étalent avec l'art de la nature, hauts, épais et légers en cet endroit, au milieu d'un vallon fleuri; et nous nous plaisions à écouter les joyeux gazouillements des petits oiseaux du ciel, qui venaient s'ébattre par bandes sur ces massifs avec les premiers rayons du soleil du matin; puis nous rentrions chez notre hôte prendre le café pour partir, et gagner ensuite nos chaloupes, où chantaient déjà nos nègres en nous attendant.

IV.

Nous n'étions pas les seuls émigrants voyageant sur ce beau fleuve; d'autres le descendaient déjà : heureux mineurs, sans doute comblés par la fortune dans le nouvel Eldorado (1), et rentrant riches et con-

(1) Lieu de délices.

tents dans la patrie. Leurs longues embarcations chargées de monde, se laissaient mollement couler au gré du courant du fleuve, et l'on entendait s'élever de leurs groupes, puis retentir dans la forêt, l'écho de leurs chansons. Ils nous envoyaient de la main en passant de bienveillants godbays, et nous criaient en anglais, pour nous encourager : *Plenti Gold ni California* (1); et ils reprenaient leurs chants joyeux.

Nos nègres chantaient aussi, tantôt des chansons guerrières en mémoire de leur triomphe, tantôt des chants plaintifs en souvenance de leurs maux passés ; alors nos cœurs se remplissaient de larmes, lorsque nous aprenions, par ces lamentations chantées, les malheurs de l'esclavage et les horribles traitements auxquels les soumettaient leurs maîtres. L'un d'eux, sombre et farouche, nous raconta ainsi l'histoire de son enfance, que lui rapelait souvent sa mère pour exciter en lui la colère et la vengeance : « Un jour, finissait-il, en refrain de « sa complainte, un jour ma pauvre mère

(1) *Beaucoup d'or en Californie!*

« ayant ralenti sa tâche pour me donner son
« lait, s'était assise sur son sillon ; mais le
« maître devint furieux à cause de cela, et
« accourut pour la châtier ; et en la châ-
« tiant, il cingla sur la tête et sur le corps
« de la pauvre mère trois grands coups de
« fouet, qui lui déchirèrent la figure et lui
« fendirent le sein !.....................

« Et je ne suis pas vengé ! » répétait-il
après chaque refrain et d'une voix sombre.

— « Mais, répliqua notre beau pilote
« quand le nègre eut fini de chanter, ils
« nous ont affranchis à présent : oublions-
« les, et pardon pour le passé. »

Le soir, nos rameurs s'éloignaient du
milieu du fleuve, et pagayaient (1) vers le
rivage pour débarquer. Là, mes bons lecteurs, laissez-moi vous le dire en deux
mots, là nous attendait la plus aimable
des réceptions : tous les Indiens de ce village, qu'on nomme *Piano Blanco,* accouraient à notre rencontre, et s'empressaient
de nous offrir chacun un présent à sa
guise : l'un, l'hospitalité de son toit pour

______

(1) De *pagayes,* rames des Indiens.

s'y abriter pendant la nuit; l'autre, un coco nouvellement cueilli, qu'il nous ouvrait pour nous faire boire son lait rafraîchissant ; les autres, des ananas et des bananes qu'ils nous distribuaient; ceux-ci, un beau perroquet vert; et la plupart, pensant nous faire plaisir, de longues feuilles de tabac sec.

De son côté, la jolie maîtresse de la possada, que nous trouvâmes se balançant dans son hamac suspendu sous deux grands arbres devant sa porte, nous fit préférablement accepter son hospitalité aussi bonne que peu coûteuse. Sa table, qu'elle eut bientôt servie, était chargée de mets délicieux : on y voyait de croustillants petits pains jaunes faits avec du maïs mélangé de cocos, plusieurs plats de haricots blancs différemment accommodés, quelques volailles rôties dans leur jus, des fruits, et pour boisson le café noir américain. Après le repas, notre aimable Espagnole nous coucha dans ses humacs suspendus sous le toit des arbres qui entourent sa case, afin, nous disait-elle, d'éviter, par cette couche aérienne, les cha-

leurs étouffantes de l'intérieur de sa case,
et aussi le dangereux contact des scorpions (1) dont cette terre est remplie. . .

. . . .

V.

Puis nous reprenions le lendemain, avec
le jour, notre voyage sur l'eau jusqu'à une
nouvelle halte, en remontant ainsi le fleuve de station en station, de possada en
possada, toujours longeant ses beaux rivages entièrement couverts sous la voûte des
arbres de la forêt. Nous allions à la Gourgone, autre bourgade située à vingt lieues
du port de Chagres.

Nous fîmes durer trois jours cette courte
traversée, tant nous étions heureux de
remonter ainsi cette blonde rivière, large,
tranquille et fraîche au milieu de ces bois
sombres, dont les branches chargées de
fruits pendaient sur les eaux.

C'étaient des orangers aux boules d'or
sous lesquels nous passions, des bananiers
élevant et étalant dans l'air leur longues et

(1) Insecte venimeux dont le poison est mortel.

larges feuilles dont les extrémités retombant en gerbe, cachent un régime de bananes qui périt, faute de soins, sur sa belle tige. Nous atteignions aussi sur la rive des branches de goyariers, dont les fruits jaunes, ressemblant à la pomme, sont aussi savoureux, sous leur épaisse écorce, que la fraise de nos jardins.

C'est ainsi que nous apaisions notre soif continuelle sous le soleil brûlant de ces climats.

Partout, sur ce beau fleuve, nos regards étaient ravis : tantôt une jolie case indienne aperçue sur le bord de l'eau, entourée de son petit champ de cannes à sucre et de ses bananiers, attirait notre attention ; tantôt c'était une tortueuse vallée que nous voyions verdir dans les flancs des hautes montagnes à pic de l'intérieur ; ici c'était une bande de beaux perroquets verts, dont les cris babillards, en passant sur nos têtes, leur attiraient d'iniques fusillades ; et là nous reculions d'effroi devant une légion de gros caïmans immondes, qui se chauffaient au soleil sur le sable brûlant de la rive.

Nous les faisions tous sauter à l'eau par un détonation de coups de fusil.

VI.

Nous voilà à la Gourgone, notre station de nuit, et propablement la dernière à faire sur le fleuve du Chagres. En cet endroit, la rivière devenait moins profonde et dès lors plus rapide. Plus haut elle était torrentielle, elle était périlleuse, nous disait le pilote, assez content de nous faire naître des dangers, pour avoir un plausible prétexte de nous débarquer à la Gourgone, afin de de retourner à Chagres, pour remorquer les autres passagers de la *Revanche* qui l'attendaient. « En continuant jusqu'à Cruzes, prétendait-il, vous y trouverez, à la vérité, une route très-mal pavée qui conduit à Panáma ; mais elle est beaucoup plus longue que celle qui y part de la Gourgone; et, bien que cette dernière ne soit qu'un chemin nouvellement tracé dans les bois, elle vous amènera au moins une jour plus tôt dans la grande ville ; et puis vous y tuerez de beaux gibiers. » Déjà nos noirs faisaient de

grands efforts pour remonter le cours rapide du fleuve; déjà ils étaient obligés de
descendre dans l'eau, en maints endroits,
pour pousser par derrière les chaloupes
qu'entraînait le courant ; ils exécutèrent
surtout cette manœuvre en face de la Gourgone, où la rivière, faisant un grand coude
autour d'un plateau, n'est plus qu'un tor-
rent qui roule sur des cailloux.

Là nos rameurs nous donnèrent une alerte.
« Attention ! attention ! nous crièrent-ils,
bons maîtres, les nègres à vous sont perdus,
si vous non accoster la plage de sable
la plus voisine ; bons maîtres, il le faut !
les voilà, les voilà ! » C'était une bande
de caïmans qu'attirait après nous l'odeur
très-pénétrante des noirs, dont ces derniers
avaient imprégné l'onde en y descendant. (1) Un instant encore, et ces dés-
potes du Chagres étaient sur nous. Déjà
leurs profondes gueules armées de dents
pointues, apparaissaient sur l'eau prêtes à
happer les molets de nos nègres qu'ils at-

(1) Les noirs seuls attirent la voracité de ces cro-
codiles.

teignaient , quand une décharge de dix coups de fusil en tua cinq et fit sauver les autres. Il était temps; à la vérité, nous touchions le banc de sable , et, là , ces monstres amphibies n'auraient pu nous nuire, ne conservant plus assez de force, une fois hors de l'eau, pour se faire craindre.

Afin de ne plus exposer nos bons noirs à de nouveaux dangers, et de dépister leurs ennemis acharnés, nous les fîmes remonter à bord; et nous-mêmes, pour alléger d'autant les chaloupes et les rendre navigables jusqu'au port, nous coupâmes droit à pied sur la Gourgone, par un sentier tournant qui y monte à travers les bois.

Pendant ce temps, nos embarcations doublaient la presqu'île derrière laquelle est la Gourgone.

VII.

Cette bourgade est une grande réunion de chaumes indiens, groupés avec art sur le large plateau que contourne le Chagres, plateau très-élevé sur lequel s'abaissent de hautes montagnes boisées et sombres, dont nous vîmes, à la clarté décroissante du jour, les cimes couronnées d'un brouillard épais.

Quand nous arrivâmes, le jour disparaissait, les feux s'allumaient au bas de nous, dans la vallée, et le fleuve grondait dans le lointain.

Un Espagnol rencontré dans les rues de ce bourg, nous conduisit à l'hôtel Français, sur le versant opposé du plateau. Nous y fûmes bien reçus, et le compatriote, heureux sans doute de trouver en nous une bonne recette à faire, disposa tout chez lui pour nous rendre son toit hospitalier et agréable. Il fit ranger nos malles, que nous apportaient en ce moment nos nègres, dans son magasin de ferblanc qu'il ferma à clef.

Il nous donna, dans une grande salle, à chacun une cabine meublée d'un lit de camp que surmontait une moustiquaire, et nous offrit ensuite un délicieux souper à la française.

Notre hôte est un gros homme réjoui, riant toujours, faisant sonner ses piastres

dans ses poches et de grossses breloques
de montre à son gilet. Il fume très-élégam-
ment son cigare, et en offre très-gracieu-
sement de temps à autre, à chacun de
nous, dans un joli coffret de palissandre.

Il nous parla de la contrée de l'Isthme,
des ressources qu'on y trouve, de l'avenir
qu'on s'y crée, et surtout de ses richesses
à lui déjà gagnées. Il nous énuméra tous
ses voisins français, critique l'un, glosa
sur l'autre, trouva partout des vices et des
défauts, tout en parlant avec beaucoup de
légèreté et d'indifférence des autres hôtels
de la Gourgone.

Nous causâmes du départ prochain, étant
indécis encore sur la route à prendre pour
nous rendre à Panama. Mais le raisonne-
ment très-péremptoire du compatriote nous
tira d'embarras. « La rivière, mes amis, dit-
il, n'est pas sûre jusqu'à Cruzes ; elle est
pleine de forbans qui y pillent les chaloupes. Quatre voyageurs, sortant de mon
hôtel, y ont trouvé la mort il y a huit jours.
Vous ne pouvez pas passer par là, je ne le
souffrirai pas ; du reste que deviendriez-

vous à Cruzes? vous n'y rencontreriez pas même un hôte convenable, et y seriez écorchés vifs par un tas de gargotiers qui vivent aux dépens des voyageurs. Non, non. Et puis la route de Panama n'est qu'une fondrière hérissée de roches pointues et de pavés disjoints remplis de boue et de marais, où vos mules s'enfonceraient et courraient risque d'y périr en vous tuant sous elles. Au surplus, sans compter les périls, cette route est deux fois plus longue que celle qui part d'ici pour Panama, et par conséquent deux fois plus coûteuse, il n'y a pas à y songer. Le chemin de la Gourgone, au contraire, est court, se fait sur un terrain ferme et giboyeux. Vous passerez par là, et je vous expédierai demain, » finit-il par conclure, sans trop savoir si nous admettions toutes ses raisons.

—« Mes mules, il est vrai, ne sont pas encore rentrées de leur précédent voyage de Panama, où tous les jours je fais des expéditions, ajouta-t-il ; mais elles seront ici demain matin, et nous partirons, mes amis, nous partirons. A vos santés! mes hôtes, vous êtes chez un compatriote tout dévoué pour vous.

Nous ne demandions certainement pas mieux que de nous rendre agréables à ce Français si bon, si aimable, si prévenant, puisqu'il pouvait de suite nous fournir ses mules pour partir, sans nous exposer aux dépenses d'un troplong séjour à la Gourgone. Aussi nous laissâmes-nous inscrire sans difficulté sur le rôle de voyage, que vint à propos développer très-adroitement devant nous la jolie Espagnole de notre hôte; en un mot, nous retînmes nos places.

Encore un joyeux toast à notre belle France, à nos doux souvenirs, et nous nous retirâmes sous nos moustiquaires.

VIII.

Nous sortions de très-bonne heure le jour suivant, pour contempler la nature de ces climats et surprendre, à son lever, le soleil qui répandait déjà ses éblouissants rayons sur les grandes côtes de la vallée.

Rien ne nous charma plus que ce premier coup d'œil à travers ces montagnes,

ces ravins, ces vallons et ces forêts. Au-
dessous du plateau où nous étions, s'éten-
dait une immensité de plaines ondulantes
et de coteaux boisés qui vont se perdre
du côté du matin, parmi les hauts sommets tout embrasés que franchissaient les
rayons du soleil; à nos pieds, le superbe
fleuve que nos voyions s'échapper, tout
bouillonnant d'écume, des lieux qui l'ont
vu naître, et se précipiter avec bruit jusqu'où l'œil peut le suivre du côté de l'O-
céan; derrière nous, des cimes élevées
couronnées de nuages; et autour de nous,
une grande agglomération de cases indiennes, dont les toits jaunâtres en chaume
arrondi, forment un frappant contraste
avec le vert gazon qui tapisse leurs rues
longues, larges et bien alignées.

Quelques-unes sont petites, tortueuses
et pleines de boue, celles-là sont les plus
vivantes, étant les plus rapprochées du
port et hantées par le commerce, dont le
développement se fait sentir à la Gourgone,
de même qu'à Chagres, depuis la décou-
verte de la Californie, qui seule a révélé

au monde moderne l'existence de ces contrés jusque-là perdues dans les bois.

Aussi toutes les cases des rues du port sont ornées de boutiques, devant toutes les portes on voit l'indice d'un négoce quelconque : ici c'est un store américain, grand magasin encombré de marchandises ; là une devanture de cabaret, sous le toit avancé duquel plusieurs mineurs sont attablés, et mangent du cacao amer avec des pains de sucre jaune. De ce côté est une taverne de jeu où les passants viennent perdre leur argent, et en face sont pendus, pour enseigne, devant l'échoppe d'un cordonnier, de longues bottes américaines, chaussures indispensables de ces contrées où le pavage n'est pas encore connu (1).

On y rencontre encore de grands hôtels anglais, américains et espagnols, d'où sortent de retentissantes musiques et des chants joyeux.

(1) La route partant de Cruzes à Panama a été pavée, c'est vrai; mais elle date des temps où florissait l'empire espagnol dans ces contrées. C'est par cette route et par le fleuve que les anciens traversaient l'isthme de Panama.

Au sommet de leurs toits ronds construits en planches, on voit flotter, sur chacun d'eux, les pavillons de leur patrie.

IX.

Notre hôtel français, sis à l'extrémité de la bourgade, dans le quartier le plus paisible, était bien le moins bruyant des hôtels de la Gourgone et le moins fréquenté. Aussi notre hôte avait-il pris à tâche de nous conserver le plus longtemps possible à sa bonne table. Ses mules n'étaient pas encore rentrées du précédent voyage, et il venait de recevoir une lettre lui annonçant la maladie de deux d'entre elles, et par suite un séjour forcé de son convoi à Panama, où il n'avait qu'un seul homme de confiance pour le ramener. « Mais, ajouta le malin Français, cela ne peut durer, une semaine tout au plus, mes amis, une petite semaine : que voulez-vous, il y a force majeure, vous vous reposerez bien en attendant. »

La veille de ce jour, le cher compatriote nous avait inscrits sur son rôle de route et fait accepter un traité de passage : il était trop tard, il fallait subir sa loi, toute rigide qu'elle fût.

Quant à l'accident arrivé à ses mules, ce n'était qu'une histoire: elles se portaient très-bien, les bonnes bêtes, et paissaient tranquillement dans la forêt.

Nous eûmes donc bien le temps de dépenser beaucoup d'argent chez notre hôte, qui, aidé par son ingénieuse invention et le change, très-avantageux pour lui, de 20 p. 0/0 de nos monnaies contre celles en cours dans ce pays, porta un rude échec à nos bourses déjà bien amaigries. Mais, bah ! tout cela se passait entre compatriotes ! . . . .

X.

Ce joli bourg de la Gourgone, son cachet si primitif, son plateau si pittoresque au milieu de ses montagnes, de ses forêts et de la longue vallée du fleuve qu'il domine, offrent bien le plus beau tableau qu'aient contemplé, dans toute la traversée de l'Isthme, mes regards toujours ravis ; et certainement si nos bourses avaient à y redouter un trop long séjour, notre enthousiasme et notre amour pour la nature ne pouvaient pas s'en plaindre. Que de beautés, en effet, n'a-t-elle pas répandues en cet étroit passage, entre ces deux océans, sur cette terre efflanquée en cet endroit, mais s'étendant sans limite et sans fin, en longueur et en largeur, dans les Amériques du nord et celles du sud ; dans cette féconde végétation à larges feuilles, où tout se voit couleur d'azur (1) ; dans ces forêts vierges aussi vieilles que le monde ; dans les chants de ces petits oiseaux qui remplissent les airs de leur gai gazouillement, et jusque dans les cris babillards de ces beaux perroquets verts que nous voyions sans cesse passer au-dessus de nos têtes ! Que de grandiose aussi la nature n'a-t-elle pas prodigué à cette longue vallée, tantôt boisée, tantôt couverte de hautes herbes, toujours

(1) La lumière, qui est un composé de toutes les couleurs, glissant sur cet océan de feuillage, dont les dômes paraissent tantôt dans l'ombre, tantôt exposés au soleil, lui donne le plus bel aspect que j'aie vu de ma vie.

belle, où grondent les eaux du Chagres ! et sur ces hautes cimes qui s'élèvent dans les nues, et s'abaissent et se prolongent jusqu'où la vue peut les suivre dans l'immensité !

XI.

Ces contrées sont non-seulement remarquables par leur site si varié, dont l'aspect est sauvage et gracieux à la fois; mais elles le sont encore par les mœurs et les usages de leurs populations.

L'influence de ce climat chaud les rend paresseuses et oisives ; des amusements d'enfants et leurs jouissances, qu'elles cherchen tdans la musique et la danse, forment seuls leur occupation de tous les jours. Qu'ont-elles besoin, au surplus, de se donner de la peine? la nature les a suffisamment pourvues de fruits de toutes espèces, de gibiers et de poissons, et assez largement dotées pour qu'elles n'aient pas à s'inquiéter de l'avenir. Elles ne cultivent seulement, pour leur usage, qu'un peu de jardinage et quelques sillons de maïs, qui, avec leurs succulentes bananes et leurs cocos, forment leur nourriture de chaque repas. Les produits de la chasse et de la pêche leur font leurs mets d'extra, quand elles veulent varier leur sobriété naturelle. Elles n'y pensent même pas: la paresse et l'indolence, probablement, les forcent à se contenter des fruits qui croissent sous leurs mains. Mais elles sont telles que la nature les a fait naître: hospitalières et douces, ayant conservé au fond de leur forêts, où elles restent ignorées, toutes les vertus des anciens âges; la civilisation, il est vrai, qui s'avance chez elles comme partout, à grands pas de géant, commence à les gâter. Déjà elles sont affamées d'argent ; et si elles y ont pris goût depuis que les nombreux passagers californiens leur en ont donné envie, c'est pour s'acheter des colifichets dont elles aiment à s'affubler, et des bijoux faux que les hommes de la civilisation leur vendent pour de l'or pur (1).

(1) Une civilisation ainsi dirigée peut-elle devenir un bien ? Nous ne le pensons pas et sommes obligés d'en convenir à notre honte : elle n'a pour effet que de dé-

Parmi leurs usages, j'en remarquai notamment un qui paraît bizarre, mais qui trouve cependant sa raison d'être, comme tout ce qui arrive, tout ce qui passe, dans les habitudes des peuples. Quand meurt un nouveau-né, quand le prêtre le conduit au cimetière, le petit convoi est toujours précédé de plusieurs musiciens qui jouent des airs joyeux, semblant vouloir par là manifester au dehors la joie que cause la mort dans la famille, qui, pendant ce temps, remplit de ses plaintes et de ses cris lugubres la case où l'heureux enfant a eu le bonheur de quitter le monde sans l'avoir connu.

Quant à la religion de ces vieux peuples espagnols aussi vieux que leurs forêts, on la voit encore debout avec ses anciens temples, qu'ont élevés dans ces bourgades leurs premiers missionnaires ; mais elle doit être bien relâchée, si l'on en juge par celle que l'on remarque extérieurement chez

truire la fraternité parmi les hommes. Cette civilisation est celle qui roule sur le déplorable principe du chacun pour soi. C'est la civilisation matérielle des peuples,

ses ministres, qui n'égalent en rien les nôtres, et rougiraient de honte, si l'on comparait leur peu de dignité à celle toute
solennelle et vénérable qu'avaient les premiers apôtres du Christ.

Les hommes ne procèdent que par l'exemple; et la religion, en général chez eux, ne
peut être que celle qu'a faite le prêtre.

Nous avions pour très-près voisins de
notre hôtel le presbytère et l'église, que je
ne puis mieux comparer qu'à nos hangars
de ferme.

Un soir que, pour être plus au frais,
nous dormions dans nos hamacs suspendus sous le toit en planches pourries du por-
tique de ce temple, je me réveillai tout-à-
coup au bruit de plusieurs pas, et je vis
entrer le prêtre fumant cavalièrement son
cigare. Il allait chercher son Maître pour le
porter à un malade; mais il ne discontinuait
pas pour cela de lancer vers le ciel, au lieu
prières, des bouffées de tabac. Quand il
repassa près de nous, précédé d'un Indien
portant une torche lumineuse et agitant une
clochette au tintement lugubre; il avait son

Dieu sur la poitrine, et toujours à la bouche son scandaleux cigare.

Mais je ne veux point blâmer ici l'intérieur de ces hommes, d'autant plus libres que, pour se sauvegarder des reproches étrangers, ils prétextent sans cesse l'influence des pays chauds ; non, je ne veux point le blâmer, soit par respect pour la religion, soit pour ne pas attrister les oreilles chastes.

XII.

Cependant, depuis six jours nous étions à la Gourgone, et nos laborieux nègres avaient déjà eu le temps de remorquer de nouveaux passagers de la *Revanche.*

Nous les vîmes tous arriver un soir à la veillée, en grande troupe composée de nos voisins de chambre et de plusieurs de l'entrepont, que la crainte des dangers avait fait agréer.

A leur tête venait courageusement le bel Henri, grand, fluet, étriqué dans un maillot de flanelle rouge ; il portait pour chaussure de grandes bottes à revers jaunes *américan fashion* (1) ; sa tête rasée était couverte d'une calotte marine, également rouge et ceinte d'un cordon bleu ; et sur sa haute épaule reposait son fusil : il avait l'air d'un vrai pirate. Après lui s'avançait la belle comtesse, dont les exclamations sur le mauvais état des routes, les dangers courus sur la rivière et les atroces chaleurs péniblement souffertes, eussent pu nous faire craindre pour sa santé, si nous ne l'eussions connue moins délicate. Mais à ses côtés la rassurait la vaillante petite Marie, portant à sa ceinture, sur un corsage de velours soie à l'amazone, un élégant poignard à lame damasquinée, dans son fourreau de maroquin rouge. Sa coiffure, ainsi que celle de la comtesse, n'était autre que de beaux cheveux noirs tombant en boucles sur ses blanches épaules ; elle était enchantée, disait-elle à sa compagne, d'avoir supporté tant de périls, d'avoir bravé tant de difficultés en compagnie de son cher chevalier Henri, qui, de temps à autre dans sa nacelle, lui versait du champagne pour augmenter ses forces.

(1) A la mode américaine.

Puis le cortége était suivi par plusieurs autres amis, et par les nègres apportant sur leur dos les bagages de la caravane.

Par derrière s'acheminait, d'un pas lent et pensif, le docteur de la *Revanche,* le philosophe Gauthier, tout ruisselant de sueur et d'une pluie bienfaisante nouvellement tombée. Sa tête était perdue dans un haut chapeau noir à la française, que l'eau rendait pesant. Son habit noir le boutonnait jusqu'à la gorge, et son pantalon blanc était relevé jusqu'au jarret. Il foulait la boue de ses pieds nus, à la mode des Indiens de ces contrées.

Ils firent ainsi leur entrée à l'hôtel de France. L'hôte mit tout en mouvement chez lui pour les bien recevoir, redoubla ses prévenances, plaignit beaucoup ces dames, et leur offrit tous ses rafraîchissements, en attendant le souper qu'on leur préparait.

La comtesse s'exclama de nouveau sur cette maudite contrée, sa compagne Marie trouvait drôle de voyager ainsi, et le superbe Henri exaltait ses prouesses : « il avait tué, à lui tout seul, dix caïmans sur la rivière, une foule de perroquets qui criaient en passant sur le fleuve, plusieurs gros gibiers d'eau, et rossé deux nègres trop peu obéissants.

Le sage Gauthier ne disait rien.

XIII.

Si madame la comtesse paraissait prétentieuse, elle n'en était pas moins une très-bonne ménagère; dès le lendemain de son arrivée, elle visitait ses malles, les ouvrait au soleil, reconnaissait les avaries qu'avaient pu y causer les vapeurs de la mer ou les pluies qui, par moments, tombaient durant leur séjour sur la rivière; elle tenait toutes ses hardes les unes après les autres, les étalait au sec sur un cordage tendu devant l'hôtel, triait tous ses linges blancs avec le plus grand soin, et mettait de côté, pour les laver ensuite, ceux où elle avait reconnu des taches; elle en fit autant de la garde-robe de son ami Gauthier, exigea même que l'insouciante Marie suivît son bon exemple, et développa au soleil tous ses effets humides, lui promettant son aide. Toutes deux, ensuite, entassèrent les linges avariés dans une large tonne sciée par le milieu, l'exhaussèrent sur un trépied, y versèrent à plusieurs reprises une eau savonneuse et chaude mélangée de potasse, que recevait par gouttes seulement un baquet placé en dessous; en un mot, toutes comtesses qu'elles étaient, elles coulaient la lessive.

XIV.

En ce moment arrivaient encore à l'hôtel de nouveaux habitants de la *Revanche* : la famille Moral, qu'accompagnaient Chapuys et son ami Clément. Ils nous annoncèrent une fâcheuse nouvelle.

Sur le navire vivait avec nous un beau vieillard, que la soif de l'or entraînait en Amérique ; mais pour soutien de ses vieux jours, il emmenait avec lui un vigoureux jeune homme à qui il payait la traversée. Ce vieil homme, de la ville de Rouen, était un ancien riche, néanmoins gras, massif et très-enjoué; on l'appelait Desroches. Sa figure, très-ouverte et bonne, décelait en lui une vraie franchise et une âme bien faite ; mais son compagnon n'était qu'un vaniteux, un intrigant, qui avait su capter la confiance de ce brave homme pour soutirer le restant de son or. Ils arrivèrent toujours en bonne intelligence jusqu'à Chagres, et de là s'embarquèrent, au nombre de cinq, sur leur chaloupe pour Panama.

Aux approches de la Gourgone, nous dit Chapuys, là où le fleuve, faisant un coude, devient rapide et peu profond, ils prétextèrent, pour se défaire du vieux, comme ils l'appelaient, le lourd état de la chaloupe, prétendirent qu'ainsi chargée elle ne pourrait remonter plus haut le courant, déjà très-dangereux, et finirent par prier M. Desroches de descendre pour alléger d'autant la barque, et de se diriger à pied sur la Gourgone par un chemin plus direct et plus court. C'était la nuit, elle était déjà close ; et le chemin très-sombre que suivait sous les arbres le pauvre abandonné, le conduisit dans l'intérieur de la forêt et l'égara. Le malheureux Normand, craignant de se perdre, n'avança plus, s'arrêta sous une épaisse touffe d'arbres, s'y fit une hutte avec leurs branches flexibles qu'il tressa en voûte, et s'y blottit pour y passer la nuit. Il n'y courut aucun danger, il put même y dormir, nous a-t-il dit ; mais le matin, à son réveil, il fut saisi d'une grande frayeur, ayant aperçu un grand lion jaune qui cheminait paisible et rêveur tout près de sa retraite ; en le voyant ainsi caché, sous ces branches, le noble animal s'arrêta court, agita sa belle crinière flottante, le fixa........; mais il respecta ses cheveux blancs et disparut.

XV.

Dès le jour, cet honnête homme revenait sur ses pas plein de méfiance ; il prenait de nouvelles directions, et arrivait à la Gourgone, à Américan House (1), où son associé devait l'attendre. Mais ce misérable n'y était pas : il avait continué pendant la nuit sa route jusqu'à Cruzes avec ses acolytes, emportant avec lui les malles et les dernières ressources de son bienfaiteur.

(1) A l'hôtel Américain.

Cet attentat était honteux, chacun en fut outré ; mais personne n'en fut surpris, le vil intrigant était un homme sans cœur et sans morale; il faisait sans cesse bravade, sur la *Revanche*, d'un athéisme révoltant : « Si jamais, disait-il, il me naît un enfant, je ne permettrai point qu'il soit baptisé (1). »

« Il a été de la dernière inconvenance avec moi, sa voisine à la chambre, nous disait la comtesse.» La petite Marie ne l'aimait pas non plus, parce qu'il l'avait calomniée; Henri le détestait parce qu'il était un lâche, et le sage Gauthier prétendit que depuis longtemps il se méfiait du traître, parce qu'il n'y avait chez lui que de la vile matière.

Tout le monde s'empressa d'aller plaindre l'infortuné Rouennais; mais il ne lui restait plus d'argent pour continuer sa route, et personne ne lui en donna. Ce coup terrible avait achevé de lui faire haïr les hommes, et il partit pour Chagres, espérant retour-

(1) Et cependant le progrès fait merveille dans notre bonne France ; mais le progrès laisse à d'autres ces niaiseries d'enfant! Pauvre peuple ! où va-tu tomber?

ner en France sur le vaisseau qui l'avait amené.

XVI.

Lorsque notre hôte nous eut dit que ses mules était de retour de Panama, forcé qu'il fut de nous expédier à la suite de nos menaces, nous préparâmes nos effets pour partir, et le compatriote, qui ne nous avait pas encore assez bien traités, ne consentit à charger nos effets que sous la faveur d'une nouvelle rétribution qu'il empocha au profit de nos muletiers.

De son côté, la comtesse, qui achevait de mettre ordre à ses affaires, s'embarqua avec sa suite pour Cruzes, où elle espérait, disait-elle, trouver un bon chemin pavé pour se rendre à Panama.

XVII.

Nous confiâmes la direction de nos mules et des Indiens, leurs guides, à deux d'entre nous : au caduc père Lebourg, que l'embompoint empêchait d'aller vite, et à l'indolent russe Nordfeld, et nous nous enfonçâmes en avant dans la sombre forêt sur un chemin bourbeux et dificile. J'avançais le premier : tout-à-coup je vis, au tournant d'une touffe d'arbres, un beau chevreuil qui écoutait. Mon fusil était prêt, la bête fut ajustée, le coup partit ; mais le bel animal partit aussi en laissant toutefois, à la place où je l'avais tiré, plusieurs taches de son sang versé. Mes amis accoururent : nous poursuivîmes ce friand morceau qui nous eût été si utile pendant la traversée de l'Isthme ; mais nous perdîmes de vue notre premier chemin, et, créant des sentiers inconnus, nous finîmes par nous égarer dans un bas-fond, sans savoir où diriger nos pas sous cette voûte sombre de feuillage, quand il fallut abandonner la poursuite de notre victime, plus agile que nous malgré sa blessure.

Cependant ces ravins noirs à l'aspect sauvage nous inquiétaient. A chaque pas que nous faisions sur cette terre marécageuse, le bruit des broussailles dérangées et des branches sèches cassant sous nos pieds, faisait surgir d'une mare d'eau un caïman hideux, ou filer un reptile dans les hautes herbes. Ceux-là étaient les moins dangereux. D'autres, plus à craindre, sifflaient sur les branches d'arbres, où ils s'élançaient en s'y entortillant la queue, et laissant subtilement planer dans les airs leurs longs corps noirs nuancés de raies blanches : ils y restent ainsi suspendus en avant, pour fasciner les mousties et les aspirer à leur passage.

On nous avait prévenus de ce danger, aussi évitions-nous bien de heurter en passant le feuillage pendant sur nos têtes, pour ne pas distraire de leur contemplation ces singuliers chasseurs à l'affût, dont la morsure eût été sans remède. Ces reptiles au venin si subtil sont appelés corail Panama. A tout moment aussi nous survenaient d'autres alarmes, moins rapprochées de nous, c'est vrai, mais non moins effrayantes : c'était la crainte des bêtes féroces, des lions surtout, dont nous venions d'entendre un long rugissement dans le lointain ; nous en aperçumes même un à travers la feuillée, à moins de quarante

pas, gravement assis sur son derrière.
Mais ces nobles animaux, il faut le croire,
sont généreux et n'attaquent jamais qui les
laisse en paix; celui-là nous laissa passer.

Il n'en fut pas ainsi à quelques pas de
là : nous fûmes tous à la fois saisis d'épouvante. Un horrible cri s'était fait entendre,
et au même instant nous vîmes sauter
d'arbre en arbre, comme un chat, autour
de nous, un long tigre jaune tacheté de
noir.... Cette fois, il n'y avait pas de gé-
nérosité à espérer d'un pareil ennemi, le
plus carnassier de tous les plus féroces;
et malgré nos armes à feu, nos poignards
et notre nombre, malgré la force que nous
pouvions opposer dans la lutte, nous le
sentions, le tyran allait fondre sur nous et
faire une razzia. C'était fait, quand on le vit
tout-à-coup glisser du tronc de son arbre
et, heureusement, s'élancer sur un sentier
opposé au nôtre, à la poursuite d'un gi-
bier qu'il avait découvert, de notre pauvre chevreuil blessé, sans doute, car nous
entendîmes bientôt sortir de dessous les
hautes herbes où il s'était caché, des cris

étouffés et plaintifs. Nous respirions plus
à l'aise, mes braves lecteurs; et j'ose même
vous le dire, nous nous hâtâmes de re-
brousser chemin, fort peu disposés, je vous
assure, à venir contester au tigre notre
bonne aubaine qu'il dévorait.

XVII.

Ce long circuit dans la forêt nous avait
égarés et fait perdre les traces de la caravane qui emportait nos provisions de bouche. — Mon Dieu ! qu'allions-nous faire ?
qu'allions-nous devenir ? disait le timide
Joseph. — Oui, qu'allions-nous devenir ?
Ce fut là une question. Heureusement, un
sentier suivi au hasard nous amena le soir
dans une case espagnole, que gardaient
trois jeunes filles ; elles allaient certainement renouveler nos vivres; mais nous
fûmes bien trompés, nous n'obtînmes rien
d'elles, pas même l'abri de leur toit à
prix d'argent. Sans doute que ces timides enfants, pour être si peu hospitalières,
avaient été insultées par de précédents
Européens. Quoi qu'il en soit, nous fûmes

obligés de nous retirer au large, au milieu d'un grand abatis d'arbres que nous fit en retranchement notre ami Louis avec sa hache, prétendant que nous aurions sur leurs branches flexibles de bons matelas et oreillers pour nous servir de lits. — Cependant, qu'allons-nous manger ? répétait Joseph, que poursuivait la faim et probablement encore la peur du tigre; oui, qu'allons-nous souper ? — Autre question assez urgente à décider. Mais la Providence fournit à tout : à nous, elle nous envoya une bande de beaux perroquets verts ; plusieurs furent abattus et rôtis sur les charbons rouges de notre feu; des bananes furent cuillies dans le bois; un énorme coco, dépendu de son sommet penché au moyen d'une longue perche, nous procura son excellente chair au gout de noisette ; et, bien que nous n'eussions ni pain, ni café, ni biscuit, nous n'en soupâmes pas moins avec nos gibiers, nos fruits savoureux, et l'eau claire et bonne d'une source voisine.

Pendant le sommeil, l'un de nous faisait le quart durant une heure, et entretenait toujours flambant notre grand feu, pour écarter du camp les reptiles et les bêtes féroces de la contrée.

Nous ne fûmes réveillés, à plusieurs reprises, que par le pas monotone et fatigant de la sentinelle, qui se promenait de long en large autour du feu, et par de sourds rugissements dans le lointain.

Quand le jour fut venu, nos belles Espagnoles, charmées sans doute de notre attitude respectueuse de la veille, vinrent nous voir toutes repentantes, et nous invitèrent cette fois à entrer dans leur case, où un bon déjeûner nous réconcilia.

Elles nous remirent sur notre route.

V.

Nous étions déjà loin dans la forêt, quand mon ami Charles abattit au pied d'un cocotier, un grand singe qui, du sommet de l'arbre, s'amusait à nous faire des grimaces. Joseph prétendit qu'en vue d'une nouvelle disette, il serait bon à manger. Nous le dépeçâmes pour faire cuire ses gigots à la halte prochaine, et nous passâmes.

Ici, notre route est barrée par une petite rivière, sur laquelle est étendu en pont le long tronc d'un papayer (1). Mais nous étions chaussés de longues bottes américaines, et nous voulûmes passer le fleuve à pied sec.

Le soleil trop ardent du milieu du jour nous obligea bientôt à chercher un lieu commode et un épais ombrage pour y faire la sieste : nous l'avions en face, sous un plateau boisé ; nous y campâmes. Un grand feu fut allumé, nous fîmes cuire à la broche suspendue sur deux piquets fourchus nos longs cuissots de singe, et dinâmes passablement avec cette viande, qui n'est pas si mauvaise que voulait bien le dire notre douillet camarade Paris. Pourquoi le serait-elle, au surplus : cette chair n'est que la substance d'une nourriture succulente et saine, composée de maïs, de bananes et de cocos, que mange à satiété ce quadrumane.

(1) Gros arbre dont le tronc est très-poreux, comme tous ceux que fait pousser la seconde végétation dans ces climats intertropicaux.

XX.

La route devenait de plus en plus pénible à cause des trop vives chaleurs du jour,
souvent suivies de violentes averses que
nous valait l'hiver de ces pays chauds; et
le chemin, dans cette terre vierge, n'était
réellement praticable que pour nous, qui
ne redoutions rien et savions braver tous
les dangers, toutes les fatigues, étant toujours soutenus par le riant espoir de nos
illusions.

Quant à moi j'étais aidé, au milieu de
mes peines, par mon admiration sans cesse
croissante pour la nature grandiose que
nous traversions, tantôt longeant des sa-
vanes sans fin couvertes de longues herbes,
tantôt gravissant et descendant des montagnes à pic, chargées de verdure lumineuse, et tranchantes avec la noire forêt qui
tapisse leur base; et puis nous avions une
terre vierge à contempler, une terre primitive, une terre où tous les objets rajeu-
nissent la vue et la pensée, une terre où
rien n'est falsifié, où les hommes et les

choses ont crû comme Dieu les a fait croî-
tre, beaux, grands et bien faits selon ses
lois, une terre où les parfums sont plus
doux, où la brise a quelque chose de plus
suave et d'inaccoutumé, où l'atmosphère
n'a rien d'impur, une terre enfin qui n'est
plus celle du vieux monde, et qui n'a rien de
transformé, rien de rapetissé ni rien d'avili
par la main des hommes.

Souvent je m'arrêtais au-dessus d'un
mont élevé, pour contempler encore cette
nature vierge et promener mes regards
parmi ces longues plaines et ces coteaux
boisés qui s'élargissent, se prolongent et
vont se perdre, en ondulant, dans l'espace,
dans l'infini ; et pour ce faire plus agréablement, pour n'être pas pressé par mes
amis qui me suivaient, je me hâtais de les
devancer, afin de pouvoir plus longtemps
et sans bruit humain laisser planer librement mon imagination ravie à travers les
airs, sur ces grands bois, sur ces vallées
silencieuses et sur ces cimes gigantesques
qui communiquent avec les cieux,

Pendant ces doux instants, j'étais heureux, heureux comme on l'est dans ces moments courts et rapides de la vie où un grand bien-être se fait en nous, nous absorbe, nous enchante et nous fait oublier le monde et ses misères. . . . . . .

. . . .

. . . .

. . . .

XXII.

La nuit approchait; nous allâmes la passer dans une jolie habitation que nous aperçûmes, pittoresquement perchée sur un large plateau qui descend d'une montagne voisine; un sentier tournant en spirale nous y conduisit.

Cette case, comme toutes celles de la contrée, offre le même style de construction; mais elle paraît plus vaste, plus confortable et habitée par un chef de ces peuplades. Son toit en chaume, élevé et épais au lieu d'être supporté par une légère charpente en bambous, se continue jusqu'à terre, en s'arrondissant sous la forme d'une ruche d'abeilles. Elle est en-

tourée au matin par une vaste cour ornée
de gazon, que borde une roche à pic qui
termine la côte ; et derrière, sur le plan
incliné qui réunit ce plateau à la montagne
d'où il provient, on voit se développer
gracieusement un petit champ de cannes à
sucre, dont les longs bâtons verts et feuil-
lés se froissent et s'agitent sous la brise
du soir, qui incline leurs branches. A côté
mûrissaient déjà quelques sillons de beau
maïs (1) ; et tout autour de ce clos bien
cultivé, on admirait çà et là de beaux
orangers chargés de fruits, et de longs
cocotiers sans branches. Puis, autour de
cette rustique maison, les regards se repo-
saient aussi sur de gros massifs d'arbres,
dont le feuillage léger bruissait sur son
chaume pointu.

Tout était riant dans cet entourage et dans
l'intérieur ; quand nous arrivâmes, nos
cœurs furent également réjouis du luxe primitif et du bon accueil de ses simples habi-

______

(1) La fertilité agit toujours sans interruption dans
les régions tropicales.

tants. Une Indienne déjà vieille faisait cuire autour d'un grand feu, dans la cour, plusieurs pains de maïs pour le repas du soir. A ses pieds gisaient encore, sur le gazon, l'auge et le pilon en pierre où elle venait de broyer son grain avec du coco sec ; à ses côtés se roulaient sur l'herbe deux jolis enfants, et non loin de là une belle jeune femme, leur mère sans doute, nonchalamment couchée avec son nouveau-né, se balançait dans un hamac suspendu à un arbre : c'est dans ce moment que nous abordions cette paisible demeure. Le chien sortit et aboya, la vieille mère suspendit son occupation, les enfants accoururent pour nous voir, et la jeune femme s'avança timidement à notre rencontre pour nous introduire dans la case de la famille.

Là reposait, à demi couché sur un épais lit de natte en joncs finement tressés, un grand vieillard à cheveux blancs; et on remarquait auprès de lui un tout jeune homme qui, s'apprêtant à une chasse de nuit, essayait les batteries de son arme à feu.

Bouona nocte, bouona nocte, dirent-ils en espagnol, en nous voyant entrer et nous montrant des nattes pour nous asseoir ; *bouono, bouono*. (Signors, soyez les bien-venus). Et quand la fournée de pain fut cuite, quand la ménagère l'eut recueillie dans un vase en bois, elle nous dit en entrant, d'un grand air de pitié : *Poour Française ! poour Française ! moult pœna, moult pœna !* (1) Et sans plus s'attarder, elle se dirigea vers la basse-cour, attrapa une poule, lui coupa la tête pour la saigner, l'apprêta soigneusement et la mit bouillir pour nous dans une spacieuse marmite, où elle versa du riz après l'avoir lavé. Pendant ce temps, le jeune homme, dirigé par le vieillard, choisit parmi les régimes de bananes suspendus au plancher, le plus jaune d'entre eux, en détacha les plus mûres, les étagea sur plusieurs feuilles servant d'assiettes, apporta des oranges et des goyards ;

(1) « Pauvre Français! vous avez beaucoup de maux! » Je ne sais si, prévoyant nos projets californiens, elle voulait faire allusion aux soucis que l'or occasionne ; c'est probable, car elle accompagnait son ton de pitié d'un geste dédaigneux.

et la jeune femme, qui avait endormi son jeune enfant, servit de son côté un bon beurre frais, avec des patates (1) douces qui cuisaient sous la cendre. Tous s'occupaient, dans cette patriarcale maison, à nous rendre bonne et douce leur hospitalité.

Le vieillard fit développer en rond sur la pelouse, dans la cour, plusieurs rouleaux de nattes pour nous servir de table ; on y rangea tous les fruits préparés, plusieurs beaux poissons qu'on eut bientôt fait frire, et, bientôt, un fort plat de riz blanc surmonté de la poule qu'avait soignée notre hôtesse diligente ; et nous prîmes place autour des mets, assis ou à demi couchés sur le gazon. On eût dit une table asiatique, non pas servie dans un riche salon brillant de dorures à son plafond, de soie et de velours sur son parquet, mais sous le toit du ciel, sous la douce brise du soir, tiède et imprégnée des parfums des bois, face à face avec l'horizon bleu où

____

(1) Grosses pommes de terre très-sucrées.

l'on voyait lentement descendre et disparaître le large disque rouge du soleil cou-
chant, et assis en cercle sur le moelleux
tapis vert de la nature.

On voyait encore, sur ces nattes en
joncs, de grands bols blancs de café noir :
pouvions-nous être mieux traités?

Nos hôtes étaient tous gais, et le vieillard, reportant sa pensée sur les premières
émigrations des Espagnols dans leur contrée, « depuis, disait-il, la funeste apparition
du vaisseau du Grand-Chef (1) sur les rivages de la Colombie (2), » nous demandait
si nous portions avec nous, comme eux, la
foudre dans les heureuses forêts de la
Californie, où nous allions emplanter
aussi notre civilisation sur les ruines de
leur bonheur et de leur liberté.

« Mais, ajouta le prévoyant vieillard, ils
sont tombés chez nous, ces grands chefs
du monde : les vôtres tomberont aussi, et
leur violence servira, comme la leur a servi,

(1) Christophe Colomb, en 1492.
(2) République voisine de celle de Guatémala.

à tirer ces peuples du néant, pour les préparer à l'ère nouvelle de la sainte fraternité entre les hommes.

La jeune femme se leva, dépendit sa guitare suspendue au tronc d'un oranger, et, s'accompagnant de sa voix harmonieuse et languissante, nous fit entendre la dansante musique d'une fandango (1) . Pendant ce temps, son mari, partant pour sa chasse de nuit, faisait résonner, par ses chants joyeux, l'écho des bois en descendant la côte; et les babillards petits enfants nous amusaient par leurs naïves racontances jamais finies.

Rien n'était intéressant comme l'aspect de ce repas pris en plein air, dans la cour de cette jolie maison, au frais, sur le sommet verdoyant de ce plateau boisé au milieu de ces plaines, de ces montagnes et de ces vallées ondulantes autour de nous. Nous étions dix convives, assis en rond sur cette soyeuse pelouse des bois, ayant au milieu de nous un beau vieillard grave comme un roi, nous racontant l'histoire de ses aïeux, et, à ses côtés, une belle jeune femme, sa fille, vêtue à l'espagnole, laissant pendre sur ses épaules brunes de longues tresses de cheveux noirs, et chantant avec langueur de douces mélodies en s'accompagnant de sa guitare, sur les cordes de laquelle on voyait gracieusement courir sa petite main blanche et effilée.

La soirée se prolongeait ainsi bien avant dans la veillée, étant à demi éclairés par les dernières teintes du crépuscule. Nous ne pouvions quitter notre doux gazon, tant nous éprouvions de joie au milieu de nos hôtes, toujours retenus près d'eux par l'aspect romanesque et champêtre de cette scène, passée sous cette nuit tiède et fraî-che, dont nous ne pouvions assez contempler le beau ciel parsemé d'étoiles.

Mais la famille nous fit coucher dans ses hamacs, suspendus sous le toit de ses arbres dans la cour.

XXIII.

Le lendemain nous quittions ce toit hos-pitalier, y faisions nos adieux et laissions pour souvenir aux enfants deux piastres,

qui les remplirent d'admiration pour ce
métal étrange et inconnu ; nous descendions ensuite la côte par son sinueux sentier.

La famille espagnole nous regardait partir; et quand nous eûmes atteint le chemin
quitté la veille, nous la voyions encore debout sur sa plate-forme, nous envoyant
avec la main ses sympathiques adios.

XXIV.

— Encore une journée de marche, nous
avait dit notre vieil hôte, et nous serions
à Panama.

La route commençait à quitter les montagnes jusque là contournées ou franchies,
et descendait dans une plaine qui nous
parut d'une tristesse désolante, n'ayant
pour contenter nos regards, toujours ac-
coutumés au beau, que divers groupes de
bois arides croissant sur des marais, et
une mauvaise cabane en planches où deux
Américains vendaient du café aux passants;
un grain menaçant nous y fit entrer, et
après nous quittions cette baraque de

champ de foire, ces boucs et ces forêts in-
signifiantes, sans y laisser aucun regret.

Plus loin, nous franchissions une dernière côte; et derrière, en la descendant,
nous rencontrâmes gisant sur le sentier
escarpé, un jeune Mexicain étendu presque
mort sur le chemin, qu'il n'avait pu gravir.
La famille espagnole nous avait donné une
bouteille de genièvre; nous en imbibâmes
les lèvres du malade, pûmes ranimer ses
forces et le porter ensuite à quatre, sur
une claie flexible en branches vitement
tressée, jusqu'au bas de la côte dans la
case d'une indigène.

La brave femme lui donna tous ses soins,
nous promit de le garder jusqu'à sa gué-
rison; et nous quittâmes le moribond, ras-
surés sur son sort. Nous lui avions fait une
petite bourse pour continuer sa route de
Chagres, où il allait, nous fit-il comprendre,
s'embarquer sur un navire en partance
pour sa patrie.

Nous vîmes encore quelques jolis sites,
et bientôt nous entrions, par la route pavée
de Cruzes, dans une grande plaine de sable

au fond de laquelle est Panama, que nous masquait encore une petite côte.

Chacun de nous voulait avoir l'avantage de voir poindre le premier à l'horizon les grands clochers de la ville espagnole, et luttait de vitesse et de marche forcée pour annoncer le port. Déjà nous atteignions le sommet de la côte, et pouvions apercevoir des groupes informes dans le lointain; nous redoublions le pas : un instant encore et nous distinguerions la ville, qui, à mesure que nous approchions, se dessinait dans l'espace et nous montrait ses hautes tours et ses clochers, ses maisons et ses dôme se découpant avec grâce sur le clair azuré du ciel.

Nous voilà en face d'antiques villas mauresquement construites dans la plaine ; plus loin c'est le premier faubourg de Panama, grande rangée de cases et maisonnettes en bois, bien alignées sur les deux bords d'une large route tracée dans les sables. Là se voyaient les ruines d'un temple antique ; nous entrâmes dans son enceinte pour admirer, en reprenant haleine, ses hautes colonnades et ses chapiteaux brisés. Ce temple, très-élevé dans les airs et richement construit, est une ancienne église catholique. On y voyait encore ses vitraux peints représentant des personnages bibliques, et des statues de saints dans ses corniches. Son bel autel en marbre blanc était dispersé sur le sol, où croissaient de longues herbes.

Ce n'était pas le temps qui l'avait ravagé, ce temple; car ses murailles et ses colonnes bien conservées n'en portaient pas les rides; mais ces ruines provenaient d'une destruction prématurée, faite par la main des hommes.

XXV.

En ce moment arrivait à notre rencontre un cicerone français, qui guettait depuis longtemps l'arrivée des passagers de la *Revanche*, attendue de jour en jour. Il nous offrit ses bons services, fut très-aimable, complaisant, et poussa même la galanterie jusqu'à débarrasser Charles, le premier d'entre nous, de son sac et de son lourd fusil. Ainsi chargé, notre homme nous conduisit à sa guise à l'extrémité du faubourg, chez un limonadier où il nous fit servir à tous de grands verres de limon, pour mieux capter notre confiance tout en voulant nous rafraîchir.

Il nous mena ensuite, par différentes petites rues au centre de la ville, à l'hôtel Français, dans une grande maison blanche où s'étageaient sur la rue trois belles galeries en bois sculptés, et nous y installa.

Dans la salle était servi un riche dîner sur une longue table chargée de mets exquis. Plusieurs Américains y prenaient place ; nous fûmes leurs commensaux.

XXVI.

C'est à partir de ce premier repas pris avec ces gentlemens, que je remarquai l'excessive promptitude avec laquelle ces singuliers hôtes de la table font diparaître les mets qui la couvrent, pour ensuite la quitter sans plus s'y délecter. Nous n'avions pas terminé notre bon potage à la julienne, qu'ils en étaient au second plat et bientôt à leur dessert, qu'ils absorbèrent également en un clin d'œil, pour s'esquiver après à leurs affaires (1).

Il en est de même dans toutes les salles de café ; l'Américain y entre avec son ami, se fait servir debout sur le comptoir son verre de grog, boit promptement, paie et sort pour ne pas perdre inutilement une minute en inutiles causeries. *The tims is mony*, dit-il, le temps c'est de l'argent. Aussi cet homme ne comprend pas le *far niente*, ni même que l'on puisse passer des heures entières à traiter une affaire qui, pour lui, doit l'être subitement par le *oui* ou le *non*, afin que vitement ensuite il puisse courir en saisir d'autres.

XXVII.

Cependant notre confortable dîner s'achevait lentement, et nous nous décidâmes enfin à quitter la table pour faire une première excursion dans cette ville si nouvelle pour nous.

Notre première promenade se fit dans

(1) On peut dire que l'Américain mange seulement pour vivre et ne vit pas pour manger.

sa grande rue, large et droite, à galerie en
bois devant ses boutiques et magasins,
qui étalent à la vue des passants leurs produits et leur luxe, leurs beaux chapeaux de
paille surtout, dont la finesse extrême peut
égaler celle du plus fin des tissus (1). Nous
nous arrétions aussi devant de beaux sa-
lons de jeu, ou brillaient déjà, sur des
tables vertes, les lingots de la Californie,
et nous voyions circuler autour de leurs
tapis, sortir ou entrer dans ces grandes
salles bruyantes, plusieurs bandes de mineurs qui, débarquant de San Francisco
et attirés par l'appas d'un nouveau gain,
venaient jeter leurs pepites d'or sur la
blanche ou la noire, qui jamais ne les
rendaient.

De nombreuses troupes d'émigrants d'A-
mérique ou d'Europe, se promenaient aussi
ébahis dans les rues.

A l'extrémité de la ville, sur une large
place carrée, un monument nous attira.
C'est une riche cathédrale antique, qui sur-

(1) Ces chapeaux sont faits avec la côte d'une espèce
de bambou.

git grandiose et hardie dans les airs. Ses grandes fenêtres à ogives et à vitreaux peints, ses longues colonnades ceintrées en marbre blanc, supportant avec grâce les chapiteaux de ses portiques dorés, et ses grosses tours gothiques qui élèvent légèrement leurs dômes imposants surmontés d'élégantes flèches pointues, commandaient notre attention. Cette cathédrale est admirable; nous y entrâmes. A cette heure, tout le chapitre était réuni dans une tribune en boiseries dorées, et psalmodiait des prières à Dieu. Mais là comme à Chagres, comme à la Gourgone, comme partout, je remarquai peu de retenue, peu de respect dans l'attitude du clergé de ces vieilles colonies espagnoles. Peut-être est-ce ma faute et suis-je trop sévère ; mais je n'aime pas voir l'apôtre de Jésus-Christ suivre le progrès matériel de son époque : je n'aime pas le voir copier les manières des autres hommes (1) . . . .

. . . .

(1) Dans nos vieux pays d'Europe, il est vrai, nous voyons aussi des prêtres n'ambitionner , dans leur

Cette église est moins belle dans son intérieur, étant trop chargée de dorures et d'ornements, qui, du reste, vieillissent et se perdent, faute d'entretien, hélas ! comme la religion elle-même pour qui ils sont créés : comme la religion primitive de Dieu, qui tous les jours s'en va et s'évanouit dans le cœur des hommes.   .   .   .

.   .   .   .

Nous sortîmes de la pieuse enceinte, et plus loin nous passions sous les remparts de la vieille ville, franchissions son pont-levis tout en ruine, rongé par le temps, et entrions dans son port peu fréquenté, presque désert. On y voit stationner seulement les chaloupes vermoulues des indigènes, leurs pirogues de pêche sillonnant la rade avec leurs filets, et trois grands navires américains qui se balancent au mouillage.

XXVIII.

L'Océan, en cet endroit, forme un grand

noble rôle, que le vil salaire d'un métier ; mais beaucoup aussi n'envisagent dans cet apostolat qu'un noble dévouement. A ceux-là honneur, gloire et respect.

renfoncement dans les terres; ses côtes sont plates, arides, remplies d'écueils dans sa partie à droite. Les pêcheurs y viennent, pendant les marées basses, recueillir de petites huîtres vertes adhérentes à leur granit. Nous en détachâmes quelques-unes avec la pointe de nos poignards ; elles sont pleines de saveur.

Le temps était beau, la température toujours très-chaude ; et la mer calme, presque tiède, nous invitait au bain. Non loin de là est une côte moins stérile ; un grand bois y descend de l'intérieur des terres, et projette sur une vaste plage de sable fin son massif ombrage, qui se reflète dans l'eau. Nous y allâmes; mes amis se jetèrent seuls à la nage, et moi, debout sur la rive, je me plaisais à contempler leur lutte avec les flots, qui tantôt rejetaient au loin leurs corps agiles et légers, tantôt les rapportaient sur leurs longues vagues bleues, dont la voix plaintive venait lourdement expirer sur le sable. Ils eussent continué plus longtemps leurs gracieux exercices, sans leurs appréhensions pour les polypes, petits insectes venimeux qui voyagent entre deux eaux, sous une enveloppe ressemblant au champignon de mer, et dont le moindre contact avec la peau devient très-dangereux. La rade en est remplie.

Sans me mettre à l'eau, je m'en versai à plusieurs reprises de fortes douches sur la tête, au moyen d'une écorce de coco que je remplissais sur le bord de la mer, où j'étais accroupis; et je n'avais, de cette manière, aucun danger à redouter de ces bains bienfaisants. Mais pendant cette opération, se détachait et se perdait dans le sable une petite médaille en argent qu'une femme amie avait suspendue à mon cou au moment du départ. . . . . . Elle représentait la sainte image de la Vierge, que la chère enfant devait tous les jours prier, pour qu'elle lui assurât la santé et le prompt retour de son ami absent. . . . . .

Cette perte me désola, je fis partout des fouilles aidé de mes amis : elles étaient toujours vaines; nous labourions profondément avec nos doigts le sable qu'aggloméraient insensiblement sur la plage les flots de la marée montante ; et l'eau montait, montait toujours..... Hélas ! il nous fallut abandonner cette pieuse recherche, quand par bonheur parut, sous les doigts écorchés de mon ami Charles, la petite ganse de soie où pendait ce souvenir précieux.

XXIX.

En rentrant à l'hôtel, nous admirions cette jolie plage de sable fin, fraîche, ombragée et unie, se couvrant de beau monde attiré par la promenade du soir. On distinguait surtout, parmi les divers groupes, plusieurs belles Espagnoles brunes richement vêtues ; leur beauté et leurs formes gracieuses paraissent plus attrayantes encore sous la transparence de leurs longs voiles en gaze, qui, les couvrant en entier comme un large fourreau flottant autour d'elles, ont la prétention de dérober aux regards curieux leurs jolies figures.

Notre attention se reposait aussi sur de longues bandes de petits enfants indigènes, qui couraient sur le sable après les flots montants, et abattaient avec une rare adresse, en les cailloutant, les hirondelles de mer qui rasaient la surface de l'eau.

Notre hôte nous annonça l'arrivée de la caravane, que nous avions perdue de vue dès le départ de la Gourgone; et nous vîmes bientôt accourir notre rusé russe Nordfeld, furieux contre nous. « Il ne nous pardonnerait jamais, disait-il, de l'avoir laissé si loin derrière nous dans la forêt, et d'avoir abandonné la surveillance de nos muletiers à lui seul et au père Lebourg, qui est, dit-il, un être nul. » Il était exténué de fatigue, en ferait une maladie, et nous reprochait sans cesse les soucis et les misères que lui avaient occasionnés les mules. A chaque pas, prétendait-il, elles tombaient dans les ornières, et on ne pouvait les en sortir qu'à grands coups de bâtons, en les tirant devant par le licol, et les poussant par derrière en les épaulant. Les muletiers aussi lui donnaient de la peine; ils s'arrêtaient de mille en mille, et il ne pouvait les stimuler qu'en les abreuvant à chaque instant d'eau-de-vie. « J'ai, con-

clua-t-il enfin, espérant se ménager par là
une voie sûre pour nous faire contribuer,
j'ai dépensé pour eux beaucoup d'argent. «

Le père Lebourg, que nous allâmes voir
sur la place Saint-François, à l'hôtel de la
Pomme d'Or, était moins irrité, plus abor-
dable, parce qu'il était plus honnête. Il eût
désiré, sans doute, que nous eussions eu
pour eux plus de prévenances, que nous les
eussions attendus dès notre première halte
pour les relever de leur poste pénible ;
mais il entendit parfaitement toutes nos excuses et ne nous conserva aucune rancune,
quand nous lui eûmes expliqué qu'à chaque
station nous les attendions des heures entières, que nous les appelions même par
de nombreuses détonations de coups de
fusil, espérant leur indiquer notre direction
dans la forêt par cet appel de nos fusillades ; qu'enfin ils avaient pris dans l'Isthme,
et c'était bien leur faute, un chemin diffé-
rent du nôtre et qui les avait perdus. Il nous
engagea beaucoup à venir loger avec lui à
la Pomme d'Or, nous disant que ce petit
endroit serait moins dispendieux que l'hôtel,

et que nous aurions au moins l'agrément
de vivre ensemble.

Nous passâmes cette nuit à l'hôtel de
France; mais le lendemain nous payions
à notre hôte, qui nous écorcha, les dépenses de la veille, et nous faisions porter
nos malles à l'auberge de la Pomme d'Or.

Le beau Norfeld, qui préférait l'hôtel à
la gargote, fut de nouveau irrité de ce dé-
ménagement. Néanmoins, nos comptes n'é-
tant pas encore réglés, et comme il avait
sur nous des vues mauvaises, il nous suivit
quoique à regret chez notre nouvel hôte.
Il s'appelait Fabvre, ancien émigrant français dans l'Amérique du sud; il venait de
Lima, le jardin de l'univers, où il avait fait,
disait-il, et perdu plusieurs fois sa fortune.
Il nous fixa à une piastre (1) par jour le
prix de la pension. Les navires en partance
pour San Francisco ne devaient quitter le
port que dans huit jours; nous eûmes donc
bien le temps de visiter la ville et ses environs, et de venir tous les soirs, sur le rivage

(1) Cinq francs.

de la mer, écouter le sublime mugissement des flots.

XXXI.

Panama est une ancienne cité espagnole que le temps, les guerres des pirates et les incendies ont ravagée à plusieurs reprises. Entièrement morte il y a quelques années, elle reparaît florissante aujourd'hui, depuis que les nombreux passagers d'Europe et des Etats-Unis viennent y prendre le steamer (1) pour San Francisco. La ville en elle-même est triste, sombre, malpropre ; mais ses environs, mais ses longues chaînes de montagnes que l'on voit au loin gracieusement étagées et couvertes d'azur, mais ces hautes cimes des Cordilières que l'on aperçoit dans le lointain supportant les nues, sont d'un effet admirable et imposant. Panama s'abrite aussi derrière un grand mont isolé, qui s'élève prodigieusement dans les airs en forme de pain de sucre : il est couvert d'un fin gazon. Tous les soirs, quand le temps est plus frais, on y voit mon-

(1) Le batiment à vapeur.

ter par des sentiers tournants de longues bandes de voyageurs, qui viennent contempler, du haut de son sommet, le plus grandiose de tous les spectacles de la nature : ce sont les deux Océans, l'Atlantique et le Pacifique, dont les nappes d'eau sans limite se déroulent des deux côtés de l'Isthme, et s'étendent et se prolongent majestueusement et sans fin dans l'espace infini.

XXXII.

Quand la nuit était venue, que nous descendions la grande montagne, où nous aussi nous allions contempler les deux mers, l'immensité et le ciel, nous rentrions chez notre hôte, y dînions bien, et nous plaisions ensuite à écouter les racontances interminables que savait nous débiter à propos M. Fabvre, pour nous retenir à son café. C'est un petit homme maigre, vif et babillard, que nous appelions gascon, autant à cause de sa grande facilité à mentir que de la province française d'où il sortait. Un soir qu'il avait bu, il nous citait sa force herculéenne, et se comparait au vaillant

Samson, l'ami des Philistins ; il était redouté de tout le monde à Panama, il voulut même nous faire entendre qu'il avait abattu un jour dix hommes avec son poing. Mais comme il pérorait et nous montrait la force de ce poing si meurtrier, en frappant sur la table, qu'il eût pu également briser , disait-il, un scorpion, subitement sorti des interstices des planches pourries de ce meuble, lui piqua la paume de la main et lui fit pousser des cris comme à un enfant. Il se désolait, voyait déjà la mort ; et il eût agravé le mal, n'osant y remédier, si sa gentille petite Indienne ne fût accourue, et n'eût brûlé la plaie avec un charbon rouge. Le remède fut efficace.

XXXII.

Ce petit hôtel de la Pomme d'Or nous était vraiment agréable. Il est situé sur une grande place à l'entrée de la ville, faisant l'angle de la route de Cruzes, d'où nous voyions tous les jours déboucher de nouvelles caravanes californiennes. Un soir arrivèrent les retardataires de la *Revanche* ; ils s'avançaient en plusieurs troupes sur leurs mules toutes bouées. D'abord venait la belle comtesse, notre ancienne connaissance de la Gourgone ; et à ses côtés allait à l'amble, sur sa jolie mule noire, l'amazone Marie. Toutes deux, pour compléter leurs habits chevaleresques en gaze noire, bien pincés à la taille et traînant au bas de la selle sur laquelle elles étaient assises, s'étaient coiffées un peu sur l'oreille d'un petit chapeau fin de Panama; à leur suite caracolaient leurs chevaliers, parmi lesquels se distinguait, par sa mise toujours excentrique, Henri le rouge ; et par derrière cheminait à pied le pensif Gauthier, toujours enfoncé sous son large feutre et boutonné dans son habit noir.

Ce petit groupe d'élégants s'arrêta en passant près de nous : ces dames pour nous montrer leurs belles tournures à cheval, Henri pour nous vanter de nouveau ses prouesses, et le sage Gauthier pour nous tendre la main.

XXXIII.

Puis trottinaient après, sur une grande mule maigre, les deux époux Moral, que leur famille suivait à pied. La mère, haute femme sèche, vieille et aride, tenait les rênes du baudet; et son homme, à la mine jaune et niaise, enlaçait par derrière sa chère moitié entre ses bras. Après eux, fouettant la mule, un fils chéri de sa maman et un vieil oncle distingué par son port respectable et ses cheveux blancs, fermaient la marche. Ils s'arrêtèrent à la Pomme d'Or.

Enfin arrivait lentement à pied et seul, loin des autres, le vieillard Périnet, le compagnon et l'ami du père François, l'un des quatre naufragés de Chagres que la vague avait rejetés sains et saufs sur le rivage. Le pauvre homme entra en pleurant près de nous, et nous parla longuement de son ami perdu, « perdu pour toujours, » répétait-il souvent en versant des larmes abondantes. Il était furieux contre le capitaine, qui ne devait pas, sous sa responsabilité, permettre leur débarquement dans les chaloupes, voyant la mer si grosse. « Et le misérable, ajoutait-il, ne nous a pas dédommagés de nos nombreuses pertes. Nous n'avions plus de ressources, la mer avait tout englouti. Heureusement qu'il y avait à Chagres en ce moment un bâtiment américain ; son capitaine a pris pitié de nous, et nous a donné une lettre de crédit pour continuer notre route sur le *Colombus*, son ami, en charge à Panama. L'alcade, de son côté, nous a refait une bourse et acheté des habits, le brave homme (1). Mais mon ami François, personne ne me le rendra ! » Et le pauvre Périnet continuait ses lamentations. Le Russe, impatienté de ces pleurs, prétendait que ce n'était là qu'un détail de voyage, un homme de moins, et qu'il ne fallait pas pour si peu se laisser ronger par le chagrin. Mais Périnet en devint fou, et s'en alla loger seul et désolé dans une

(1) Sans doute qu'il est pénible de voir en France si peu de soutien entre les hommes, même dans les familles ; mais on éprouve une certaine honte quand on voit des étrangers exercer pour nous, chez eux, l'hospitalité que l'honneur national devrait au moins nous faire pratiquer envers nos compatriotes, quand l'un d'eux tombe dans le malheur.

case espagnole, où il fit une longue maladie qui se termina, comme nous l'apprîmes plus tard à San Francisco, par sa mort et la fin de ses tourments.

XXXIV.

Nos amis étaient tous arrivés; il nous manquait seulement le sententieux papa Henriot, qui mourut à Cruzes, sa fille aux joues bouffies, qui s'y maria, et l'imprudent Duval, qui, piqué par un aspic, faillit y perdre une jambe. Néanmoins nous allions bientôt nous embarquer, les uns sur *le Sarrazin* et *le Colombus*, deux navires à vapeur également en partance pour San Francisco, et les autres avec nous sur *la Saint-Mary*, bâtiment à voiles que nous fit préférer son intrigant capitaine Coin. Afin de nous ménager pour son bord, il venait tous les soirs à la Pomme d'Or épier nos mouvements, surveiller nos démarches et stimuler notre confiance. Il était bon, d'une grande prévenance, se mêlait à nos groupes, nous donnait des avis, et finissait toujours par nous proclamer son beau navire comme le plus fin voilier du Pacifique, tout en dénigrant très-adroitement les autres, sans en avoir l'air ni l'intention. Le *Sarrazin* n'était, selon lui, qu'un vieux sabot, et le lourd *Colombus* très-dangereux, car sa cale, prétendait-il, était toujours pleine d'eau.

Il y avait de la vraisemblance dans ces histoires de M. Coin; mais ce qui nous décida pour la *Saint-Mary*, ce fut la modicité de son prix, qui, pour cette seule raison, nous la fit préférer à ses concurrents, beaucoup plus avantageux sous le rapport de la marche.

XXXV.

Depuis dix jours déjà nous étions à Panama; nous avions tout vu, tout examiné : ses longues rues assez droites, larges, mais mal bâties en planches et quelques-unes en briques; ses grandes maisons à galeries en bois plusieurs fois étagées; ses belles fabriques de chapeaux de paille, dans lesquelles sont employées des centaines de femmes, pour tresser ces jolis et blancs tissus de côtes de bambous, si renommés par leur beauté et leur longévité sans fin. Nous avions vu ses vieilles églises et ses couvents ; nous étions entrés dans ses casernes, et avions pu faire de curieux rapprochements entre la tournure très-peu martiale de ses soldats efféminés, et celle de nos courageux et brillants régiments d'Europe. Nous avions parcouru aussi l'antique emplacement de la vieille ville, où l'on rencontrait encore les traces du pillage et des incendies ; et nous nous étions plusieurs fois promenés sur ses vieux remparts ébréchés par le temps et détruits par les pirates. Souvent, en parcourant le soir le champ de ces ruines, que la paresse indigène fait respecter, nous nous avancions parmi les hautes herbes, au milieu des vieilles colonnes encore debout dont plusieurs sont en marbre couvert de lierre, et nous nous plaisions à évoquer les mânes des vieux soldats tués sous ces décombres, et celles des grands hommes de cette époque, nobles soutiens d'un grand empire autrefois « si puissant qu'il ne voyait pas

coucher le soleil sur ses limites (1)..... »
et aujourd'hui si tombé......! Et nous
nous figurions les grandes ombres de ces
héros se soulevant de dessous terre, et
regardant avec mépris ces ruines et leurs
descendants si misérables..... Puis nous
rentrions, tristes et désespérés des choses
humaines, en réfléchissant aux vicissitudes
de la fortune et aux décadences des peuples.

Nous fîmes une dernière ascension sur le
mont aérien, pour contempler une dernière
fois encore les mers, l'espace et l'infini.

Et nous nous préparâmes à quitter cette
cité, dangereuse par ses chaleurs qui é-
touffent, ses fièvres jaunes qui n'épargnent
personne, et ses scorpions qui y pullulent.

Nous allions faire route pour San Francisco.

(1) Paroles de Charles-Quint.

FIN DU Ier VOLUME.

A MES SOUSCRIPTEURS.

Si ces premiers essais obtiennent quelque crédit, s'ils attirent un peu de joie après la douleur, ce sera à vous, habitants de St-Germain, qu'en reviendra la reconnaissance ; à vous qui les aurez bien accueillis, qui aurez été bons pour eux, et qui aurez voulu, chacun par un petit sacrifice, assurer à ces faibles pages leur timide entrée dans la vie.

Ce sentiment de la reconnaissance, le plus doux que puisse éprouver la nature humaine, cette sublime pulsation du cœur qui nous rapproche de Dieu, cette qualité si belle qui nous donne quelque valeur, je la ressens pleinement aujourd'hui pour vous, je suis heureux de vous le dire ; et mon bonheur en vous le disant s'accroît, quand je reviens, par la pensée, dans votre joli bourg m'asseoir à vos foyers paisibles où je retrouve des hommes bons et vertu-eux, vivant encore de la vie des justes dans nos temps désespérés, ...aimant le bien, l'union et la concorde, ne regardant pas comme un vain mot cette devise trois fois sainte dictée par le Christ : solidarité humaine ; des hommes enfin qui ne croient pas des-cendre en venant en aide à celui qui tombe, lui tendant une main amie, et soutenant dans sa lutte son courage contre l'adversité.

Oh ! vous êtes bien, amis, les enfants de la France! et vos vertus, je n'en doute pas, vous viennent de votre éducation toute morale, transmise par vos pères et recueil-lie dans le sein de cette vieille noblesse d'autrefois dont les ruines imposantes do-minent encore votre riche bourgade.

Ces nobles hommes ne sont plus, mais leur mémoire vénérée vous reste pour vous guider dans les sentiers du bien...... La vertu est impérissable...... la leur a porté ses fruits, et instinctivement vous êtes attirés vers les bonnes actions.

Le dernier de ces hommes d'élite était le marquis D......, si renommé par ses richesses et ses malheurs.....; noble nature qui voulait, comme notre bon roi Henri IV, que tous les paysans puissent, le dimanche, mettre la poule au pot. Homme incomparable à qui la fortune, selon lui, n'était départie par Dieu que pour en aider les malheureux et soulager toutes les souffrances. Hélas! il n'a fait que passer, et sa belle fortune lui a glissé rapidement des mains.....! Mais, ses chers pauvres peuvent le dire encore aujourd'hui, ce ne sont pas eux qui en ont eu la meilleure part.

. . . .

. . . .

Ici je m'arrête, car il me vient d'amères pensées, et je ne veux pas, par d'affligeants tableaux, attrister vos bons cœurs en ce jour consacré à la reconnaissance.

Mais je reviendrai dans votre beau village aux grandes maisons; j'aimerai à reposer parmi vous ma pensée et mes derniers jours; ...... oui, j'y reviendrai, mes amis,

car je retrouve à Saint-Germain-du-Bois
quelques souvenirs vivants du Nouveau-
Monde.

Adieu ou plutôt au revoir.

TH. BONIN.

Tournus, le 9 juillet 1855.

TABLE DU Ier VOLUME.

MILA,

OU LE DERNIER WIGWAM DES PAWNIES.

FRAGMENTS DE MON VOYAGE

DIVISÉ EN NEUF PARTIES.

La suite prochainement.

www.ingramcontent.com/pod-product-compliance
Ingram Content Group UK Ltd.
Pitfield, Milton Keynes, MK11 3LW, UK
UKHW020826120726
13693UKWH00002B/492